# Inhalt

## Ein Hund für mein Kind

Wie alt sollte ein Kind sein? . . . . . 24
Den Hund gemeinsam aussuchen . . . . 26
Welpe oder erwachsener Hund? . . . . . 28
Welche Aufgaben hat das Kind? . . . . . 32
Der Hund als Erziehungshilfe? . . . . . 36
Kind und Hund allein zu Hause . . . . . 38
Rangordnung . . . . . 40

SPEZIAL

Was muss mein Kind wissen? 30
Die Rolle der Eltern . . . . . 34

**Hundesprache? Damit sich Hund und Kind verstehen, müssen auch Kinder die Hundesprache lernen.**

## Gemeinsam durchs Leben

Spielen mit dem Hund . . . . . 44
Essen mit dem Hund . . . . . 46
Gehört der Hund ins Kinderbett? . . . . . 48
Trauerverarbeitung . . . . . 56
Einer für alle – alle für einen . . . . . 58

SPEZIAL

Das Kind verlässt das Haus . 50
Kinder und kranke Hunde . . 54

**Wenn ein gemeinsames Leben sich trennt, dann leiden Hund und Kind.**

# Miteinander – Der beste Freund

Ein Hund kann nicht nur der beste Freund des Menschen, sondern vor allem auch eines Kindes sein. Die unvoreingenommene und fast unbegrenzte Zuneigung, die ein Kind durch einen Hund erfahren kann, machen ihn zu einem unschätzbaren Gefährten in Freud und Leid.

Eine solch tiefe Beziehung und Freundschaft ist nicht nur für das Kind, sondern auch für den Hund ein Gewinn, denn Kinder sind oftmals unermüdliche Spielkameraden, stören sich nicht daran, wenn der Hund sie schmutzig macht, und sind auch ihrerseits zu uneingeschränkter Zuneigung bereit.

Im idealen Fall kann sich das Verstehen zwischen Kind und Hund auf eine zwanglose Art fast von selbst ergeben, ohne dass es der maßgeblichen Einflussnahme Erwachsener bedarf. Dafür ist es aber natürlich notwendig, dass sowohl Kind als auch Hund ein gewisses Grundverständnis von sozialem Verhalten haben, das sie zunächst einmal mit Ihrer Hilfe erlernen müssen.

Dieses Buch soll helfen, die Voraussetzungen dafür zu schaffen, dass auch Ihr Kind eine besondere Freundschaft zu Ihrem Hund entwickeln kann.

GET MESSY

# Wir bekommen ein Kind

SPEZIAL


6 Der neue Lebensmittelpunkt

8 Ist mein Hund kindertauglich?

10 Wie bereite ich meinen Hund vor?

12 Wie reagiere ich auf Ablehnung?

14 Wie reagiere ich auf Körperkontakt?

16 Der Beschützerinstinkt

18 Welche Rechte hat der Hund?

20 Kinderbesuch

# Der neue Lebensmittelpunkt

**Während die menschlichen Mitglieder der Familie mehrere Monate Zeit haben, sich auf die Ankunft eines Babys vorzubereiten, hat ein Hund diese Möglichkeit natürlich nicht.**

Für Ihren Hund tritt vielmehr die umfassende Veränderung, die ein Baby für die ganze Familie bedeutet, sehr plötzlich ein, nämlich genau dann, wenn Frauchen zum ersten Mal das Haus mit dem Familiennachwuchs betritt. Plötzlich ist da ein für den Hund fremdes Baby, das im Mittelpunkt der Familie steht.

## Frühzeitig beginnen

Um das Hundeleben nicht allzu plötzlich vollkommen auf den Kopf zu stellen, sollten Sie sich möglichst frühzeitig überlegen, welche Änderungen Sie voraussichtlich vornehmen wollen und diese in kleinen Schritten einführen. Sie können beispielsweise den Schlafplatz des Hundes betreffen oder auch die Häufigkeit und Länge der Spaziergänge. Haben Sie bisher noch keinen festen Liegeplatz für den Hund, so sollten Sie vor der Ankunft des Kindes unbedingt einen ruhigen Platz festlegen, auf den der Hund sich jederzeit zurückziehen kann. Dieser

① ◂ **Während der Schwangerschaft** bemerkt ein Hund durchaus, dass etwas vorgeht. Möglicherweise verändert sich Ihr eigenes Verhalten oder auch Ihr individueller Geruch. Das diese Vorgänge letztlich in Familienzuwachs resultieren, bleibt dem Hund natürlich verborgen. Sie können ihm aber helfen, sich auf die kommenden Veränderungen einzustellen. Beginnen Sie schon während der Schwangerschaft Ihren Alltag so zu gestalten, dass später Hund und Kind beide zu Ihrem Recht kommen.

2

▲ **Viele Hunde** nehmen ein Baby sehr schnell und unkompliziert als neues Familienmitglied an. Hierbei ist es hilfreich, wenn das Hundeleben mit dem Erscheinen des Kindes nicht allzu drastische Veränderungen erfährt. Das Baby an sich ist Veränderung genug! Falls Veränderungen notwendig sind, so führen Sie sie lieber rechtzeitig durch. Versuchen Sie, dass der Hund das Baby nur mit Positivem verknüpft.

Platz sollte sich nicht im Kinderzimmer befinden. Auch sollte Ihr Hund daran gewöhnt sein, dass nicht er, sondern Sie den Zeitpunkt für Spaziergänge und andere gemeinsame Aktivitäten festlegen. Falls Sie planen, einen Hundesitter zu engagieren, so tun Sie auch das so früh wie möglich vor der Geburt des Kindes.

## Ganz normaler Alltag

All diese Vorbereitungen sind wichtig um zu verhindern, dass Ihr Hund Veränderungen, die ihm vielleicht zunächst nicht gefallen, mit dem Erscheinen des Babys in Verbindung bringt. Im Idealfall sind die Neuerungen, die Ihren Hund erwarten, nicht sehr groß. Fast unvermeidlich ist jedoch, dass Sie weniger Zeit für Ihren Hund haben werden und dass Sie weniger flexibel in Ihrer Zeiteinteilung sein werden. Sprechen Sie mit anderen Familien, die diese Erfahrung bereits gemacht haben. Je „normaler" das Leben Ihres Hundes nach der Geburt des Kindes weitergeht, umso besser wird sich Ihr Hund in die neue Situation einfügen.

# Ist mein Hund kindertauglich?

Es ist wichtig, bereits vor der Geburt des eigenen Kindes zu wissen, ob und wie Ihr Hund mit Kindern zurechtkommt. Nicht alle Hunde haben regelmäßig Kontakt zu Kindern. Da Kinder, vor allem kleine Kinder, jedoch ganz anders mit Hunden umgehen als Erwachsene, sind kinderungeübte Hunde leicht durch Kinder zu irritieren. Vor allem die höheren, oftmals lauten Stimmen, die schnellen Bewegungen und der mitunter unsanfte Umgang mit dem Hund können ihn entweder ängstigen oder auch verärgern. Einige Hunde sind überaus tolerant und lassen sich von Kindern fast alles gefallen.

## Kennen lernen

Falls Sie bisher nicht wissen, wie Ihr Hund sich mit Kindern versteht, so sollten Sie das unbedingt herausfinden, bevor Ihr eigenes Kind da ist. Gehen Sie mit Ihrem Hund da spazieren, wo viele Kinder sind und beobachten Sie seine Reaktion. Laden Sie auch Familien mit Kindern zu sich nach Hause ein, denn hier verhalten sich Hunde oftmals ganz anders als draußen.

▸ **Der Sanfte:** Manche Hunde sind von Natur aus unendlich geduldig und tolerant gegenüber Kindern. Sie lassen im wahrsten Sinne des Wortes fast alles mit sich machen und, wenn es ihnen tatsächlich mal zu viel wird, dann ziehen sie sich einfach zurück. So ein Hund ist natürlich ein Segen, wenn Sie selber ein Kind bekommen. Bei einem solchen Hund – das sind übrigens nicht immer Hündinnen, sondern können durchaus auch Rüden sein – müssen Sie nur dafür sorgen, dass er auch wirklich eine Rückzugsmöglichkeit hat, die auch das Kind akzeptiert.

▸ **Der Ängstliche:** Nicht wenige Hunde reagieren ängstlich und verunsichert auf hohe Kinderstimmen. Die oft noch schlecht koordinierten und schnellen Bewegungen von Kindern tragen ebenfalls zur Verunsicherung bei. Diese ängstlichen Hunde versuchen zumeist, Abstand zu Kindern zu wahren. Diesen Rückzug sollte man ihnen auf jeden Fall ermöglichen. Oftmals lernt der Hund im Laufe der Zeit, dass kein Grund zur Angst besteht. Dies können Sie unterstützen, indem Sie ruhige, kurze Kontakte zwischen Kind und Hund herbeiführen, ohne dabei Zwang auszuüben. Achten Sie darauf, dass Ihr Hund niemals von Kindern

### Kinderliebe

**Nicht alle Hunde sind von Natur aus kinderlieb. Beobachten Sie sorgfältig, wie Ihr Hund mit Kindern umgeht.**

**Sorgen Sie für positive Erfahrungen mit Kindern.**

**Ihr Hund muss jederzeit eine Rückzugsmöglichkeit haben.**

in die Enge getrieben wird, denn sehr ängstliche Hunde können beißen, wenn sie sich ernsthaft bedroht fühlen.

▸ **Der Dominante:** Manche Hunde sind eher dominant und versuchen gerne mal, „den Boss“ zu spielen. Falls Ihr Hund diese Eigenschaft hat, wissen Sie das natürlich, denn Sie selbst müssen sich ebenfalls deutlich dem Hund gegenüber durchsetzen. Es ist nicht unwahrscheinlich, dass ein solcher „dominanter“ Hund versuchen wird, den Umgang mit Kindern nach seinen Wünschen und Spielregeln einzurichten. Das kann sich so ausdrücken, dass Ihr Hund Kinder anknurrt oder sogar nach ihnen schnappt, wenn sie ihm zu nahe kommen oder irgendetwas anfassen, was nach dem Verständnis des Hundes ihm gehört. Dies kann sein Futternapf oder Fresskorb sein, vielleicht verteidigt er auch sein Spielzeug. In diesem Fall helfen vor allem feste Regeln, wer sich wann und wo aufhalten und wie benehmen darf. Sehr wichtig ist auch, positive Erlebnisse für den Hund mit der Anwesenheit von Kindern zu verbinden!

**Manche Hunde** *leben nicht nur mit, sondern fast nur noch für ein Kind.*

SMART

**Aufsicht**

› **Kleine Kinder** und Hunde sollten niemals miteinander alleine gelassen werden!
Auch im Spiel mit einem Hund kann ein Kind zu Schaden kommen.

## Erkenntnis

Welchem der genannten Typen Ihr Hund entspricht, es ist unumgänglich, dass Sie dies erkennen und – in Grenzen – auch akzeptieren. Der Umgang mit Ihrem Hund muss sich nach seinem Charakter richten.

# Wie bereite ich meinen Hund vor?

Auf viele der kleinen und großen Veränderungen, die auf Ihren Hund zukommen, können Sie ihn nicht vorbereiten, da sie unmittelbar mit der Persönlichkeit des Kindes verbunden sind, die Sie ja selbst auch noch nicht kennen. Einige Veränderungen können mehr oder weniger einschneidende Neuerungen darstellen. Und diese grundlegenden Dinge sollten Sie auf jeden Fall bereits – soweit wie möglich – vor der Ankunft des Kindes vorbereiten.

## Rückzugsort

Hierzu gehört es, den festen Liegeplatz des Hundes in der Wohnung kritisch zu überdenken. Falls Ihr Hund bisher noch keinen festen Liegeplatz hat – jetzt wird es höchste Zeit dafür!

- **Der Liegeplatz** eines Hundes sollte immer auch ein Rückzugsort sein, also vorzugsweise in einer Ecke, die ihm aber freie Sicht auf den Raum erlauben sollte.
- **Überlegen Sie,** wo das Kinderbett stehen wird, wo die Spieldecke des Kindes liegen wird, wo die vorwiegenden Aufenthaltsorte des Kindes sein werden. Mögliche hieraus entstehende Konflikte sollten Sie unbedingt lösen, bevor das Kind da ist.
- **Damit vermeiden Sie,** dass Ihr Hund sich von Ihrem Kind von seinen Lieblingsplätzen verdrängt fühlt.

Verlegen Sie den Liegeplatz des Hundes schon vor dem Einzug des Babys. Falls es notwendig erscheint, können Sie übrigens auch in verschiedenen Zimmern feste Liegeplätze einrichten, für die dann jeweils die oben genannten Regeln gelten.

- **Ebenfalls wichtig ist,** Ihren Tagesablauf zu überdenken. Haben Sie bereits feste Zeiten, zu denen Sie mit Ihrem Hund laufen und spielen? Sind diese Zeiten voraussichtlich haltbar? Falls Sie sich bisher weitgehend flexibel nach den Bedürfnissen Ihres Hundes gerichtet haben, stellen Sie das jetzt ein. Gewöhnen Sie ihn daran, dass immer Sie bestimmen, wann gespielt und ausgegangen wird.

### Lebensweise

**Stellen Sie Ihren Hund auf kurze Aktionsphasen ein, in denen er körperlich ausgelastet wird.**

**Richten Sie einen oder mehrere feste Liegeplätze ein, an denen der Hund ungestört sein kann.**

**Gewöhnen Sie Ihren Hund daran, dass Sie bestimmen, wann Ruhe- und wann Aktivitätsphasen stattfinden. Sorgen Sie dafür, dass Ihr Hund nicht zu kurz kommt.**

## Gemeinsam unterwegs

Auch der Ablauf des Spazierengehens ist wichtig. Ihr Hund muss unbedingt gut leinenführig sein. Ein an der Leine ziehender Hund ist mit einem Kinderwagen absolut nicht zu vereinbaren! Gewöhnen Sie Ihren Hund

*Ein fester Liegeplatz als Rückzugsort ist für jeden Hund sehr wichtig.*

daran, dass ein Spaziergang aus langsamen „BEI FUSS-Perioden" besteht, die mit Spiel- oder Laufperioden abwechseln. Üben Sie mit ihm Apportier- oder andere laufintensive Spiele ein, die Sie in einen Spaziergang einstreuen können und die Ihren Hund körperlich auslasten.

Sind Sie mit Ihrem Hund bisher joggen gegangen oder Fahrrad gefahren, beginnen Sie rechtzeitig damit, ihn abzutrainieren und auf eine andere „Sportart" einzustellen, die Sie auch mit einem kleinen Kind bzw. im Laufe der Schwangerschaft noch problemlos leisten können. Natürlich sollten Sie auch dafür sorgen, dass Ihr Hund häufig Kontakt zu Kindern verschiedenen Alters hat. Das ist vor allem dann wichtig, wenn Ihr Hund bisher noch keine Gelegenheit hatte zu zeigen, wie er auf Kinder reagiert. Laden Sie auch Kinder zu sich nach Hause ein, damit er sich an diese Situation gewöhnen kann.

SMART

**Rechtzeitig**

› **Stellen Sie Ihr** Zusammenleben mit dem Hund falls nötig um, bevor der Familienzuwachs kommt.

## Liebe Gewohnheiten

Es gibt möglicherweise noch viele andere, kleine und große Rituale, die sich im Laufe des Zusammenlebens mit Ihrem Hund eingespielt haben. Durchdenken Sie Ihr spezielles Miteinander gründlich und kritisch, damit Sie eventuell notwendige Veränderungen langsam und rechtzeitig miteinander durchführen können. ●

# Wie reagiere ich auf Ablehnung?

Die Ablehnung Ihres Hundes gegenüber Ihrem Kind kann sich unterschiedlich ausdrücken. Möglich ist, dass Ihr Hund den Kontakt zum Kind zu vermeiden versucht. Er hält sich selten mit dem Kind im gleichen Raum auf und entfernt sich, wenn das Kind sich ihm nähert. Kann der Hund nicht mehr ausweichen, knurrt er das Kind vielleicht auch an. Auch wenn dieses Verhalten keine Gefahr für das Kind darstellt, so ist es natürlich doch nicht das, was man sich wünscht.

## Verschiedene Ursachen

Je nach Ursache kann man auf derart distanziertes Verhalten des Hundes durchaus positiv einwirken.

- **Möglicherweise hat Ihr Hund** anfangs zu intensiven Kontakt zu dem neuen Baby aufnehmen wollen und Sie haben darauf negativ eingewirkt. In diesem Fall hat Ihr Hund gelernt, dass Kontakt zwischen ihm und dem Kind nicht erwünscht ist, und verhält sich entsprechend. Hierauf können Sie Einfluss nehmen, indem Sie sehr aktiv Ihren Hund in gemeinsame Aktionen mit dem Kind einbeziehen.
- **Manche Hunde beginnen erst,** sich von einem Kind zurückzuziehen, wenn dieses anfängt zu greifen und zu krabbeln. Das hängt zumeist damit zusammen, dass kleine Kinder natürlich keinerlei Rücksicht auf Schmerzgrenzen und Ruhebedürfnis des Hundes nehmen. Sie ziehen an den Ohren den Hundes, kneifen in die Nase und pieksen in die Augen, um ihn zu untersuchen.
- **Wenn das Kind krabbeln lernt,** kennt es oftmals nichts Schöneres, als ständig hinter dem Hund herzukrabbeln, auch wenn er schlafen oder einfach seine Ruhe haben will. Es ist ausgesprochen wichtig, dafür zu sorgen, dass Ihr Hund einen Platz hat, an dem er nicht von Ihrem Kind gestört werden kann. Machen Sie Ihrem Hund auch deutlich, dass Sie ihn vor schmerzhaften Übergriffen des Kindes schützen und es also absolut nicht nötig ist, dass er das selber tut.

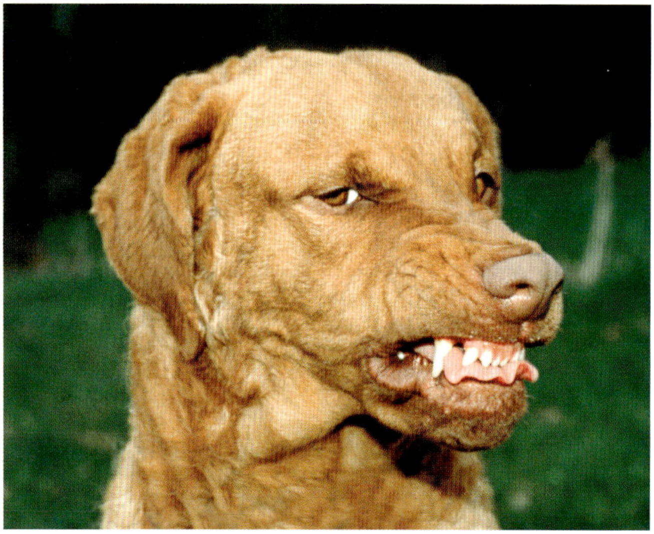

*Ablehnung gegenüber Kindern kann verschiedene Ursachen haben.*

*Hunde können sehr ablehnend auf Ruhestörungen reagieren.*

## Vorsicht Aggression!

Wirklich problematisch ist es natürlich, wenn die Ablehnung Ihres Hundes sich in aggressivem Verhalten gegenüber Kindern äußert. Vor allem bei kleinen Hunden wird angriffslustiges Verhalten oftmals in seiner Gefahr unterschätzt und entsprechend wird zu spät reagiert. Natürlich ist die Frage, warum der Hund sich aggressiv verhält, ausgesprochen wichtig für den Umgang mit dem Problem. Handelt es sich um „Dominanzaggression“, kann mit viel Konsequenz möglicherweise erzieherisch eingewirkt werden. Handelt es sich um Angstaggression, können Geduld und behutsame Annäherung von Hund und Kind das Problem lösen.

SMART

### Ablehnung

- **Verhält sich Ihr** Hund ablehnend gegenüber Kindern, kann das verschiedene Ursachen haben. Versuchen Sie diese herauszufinden und richten Sie Ihre Reaktion danach.

## Rat vom Fachmann

In jedem Fall müssen Sie viel Geduld und Zeit aufbringen können, um die Ursache des aggressiven Verhaltens Ihres Hundes zu finden und dann entsprechende Maßnahmen durchzuführen. Es ist empfehlenswert, sich für beides fachkundige Hilfe zu suchen. Dies wird Ihnen auch bei der äußerst schwierigen Entscheidung helfen, ob Sie sich möglicherweise zum Wohl aller Beteiligten von Ihrem Hund trennen müssen.

# Wie reagiere ich auf Körperkontakt?

**Bei der Frage, ob und wie viel Körperkontakt man zwischen Kind und Hund zulassen sollte, gibt es sehr gegensätzliche Ansichten. Einige Menschen finden jeglichen direkten Körperkontakt mit einem Hund unhygienisch und, zumindest für kleinere Kinder, potentiell gesundheitsgefährdend.**

Andere Menschen denken, dass Hundespeichel sogar therapeutische Wirkung auf z. B. Hautekzeme bei Kindern hat. Es gibt auch Untersuchungen, die zeigen, dass das völlige Fehlen von Kontakt mit Tieren sich negativ auf das Immunsystem von Kindern auswirkt.

*An so einem Hund gibt es vieles, was erkundet werden muss.*

Leben Kinder und Hunde im selben Haushalt, können zwar Grenzen gesetzt werden, ganz lässt sich Körperkontakt aber natürlich nicht vermeiden. Das ist auch nicht wünschenswert, denn etwas verallgemeinernd lässt sich sagen, dass Ihr Hund umso mehr Körperkontakt suchen und aufnehmen wird, je positiver er dem Kind gegenüber eingestellt ist. Dabei ist vor allem das Gesicht des Kindes das bevorzugte Ziel der Liebesbezeugungen des Hundes und hier wiederum vor allem der Mund. Dieses Verhalten entspricht dem natürlichen Verhaltensmuster eines Hundes und ist ausschließlich positiv zu verstehen. Trotzdem können Sie Ihrem Hund freundlich, aber konsequent deutlich machen, dass Sie diese Verhaltensweisen nicht wünschen.

## Man kommt sich näher

Wenn Ihr Kind anfängt zu krabbeln und selbstständig zu essen, wird es unvermeidlich auch anfangen, den Hund zu füttern und hinter ihm her zu krabbeln. Zu diesem Zeitpunkt wird es kaum noch möglich sein, direkten und zum Teil auch intensiven Körperkontakt zwischen Hund und Kind zu verhindern.

- **Da Ihr Kind** jetzt jedoch in Kontakt mit allen möglichen (potentiell unhygienischen) Dingen kommt, ist ein wenig „Hund" sicher nicht besonders schädlich.
- **Selbstverständlich sollten Sie** sowieso dafür sorgen, dass Ihr Hund keine inneren und äußeren Parasiten beherbergt.

*Besonders junge Hunde brauchen viel Körperkontakt.*

SMART

**Gesundheit**

- **Im Prinzip** ist die Gesundheit eines Kindes durch Körperkontakt zu einem Hund nicht gefährdet. Achten Sie aber auf allergische Reaktionen!
- **Das Risiko**, dass sich Ihr Kind mit Würmern ansteckt, ist gering, wenn Sie Ihren Hund regelmäßig entwurmen.

- **Oft sind Eltern** vor allem besorgt, dass ihr Kind durch den Kontakt mit Hundespeichel von Würmern befallen wird. Diese Möglichkeit besteht, ist aber relativ klein, wenn der Hund regelmäßig entwurmt wird.
- **Sollte doch einmal** ein Wurmbefall eintreten, so ist dieser heutzutage gut behandelbar und daher in der Regel ungefährlich.
- **Übrigens können Kinder** auf vielfältige Weise mit Würmern in Kontakt kommen, nämlich eigentlich immer dann, wenn sie draußen spielen. Es ist daher in jedem Fall sinnvoll, Kindern frühzeitig ein gewisses Maß an Hygiene beizubringen, z. B. sich regelmäßig die Hände zu waschen und nicht alles in den Mund zu stecken.

# Der Beschützerinstinkt

**Hunde zeigen ein sehr unterschiedlich ausgeprägtes Maß an Beschützerinstinkt. Das hängt zum einen mit ihrer Persönlichkeit zusammen, zum anderen aber auch mit ihrer Position innerhalb der familiären Hierarchie. Ein Hund sollte sich grundsätzlich nicht als hoch stehend in dieser Rangordnung sehen.**

Der vierbeinige Mitbewohner sollte sich unter allen menschlichen Familienmitgliedern einordnen. Kleine Kinder und natürlich auch Babys nehmen hier allerdings eine besondere Position ein und werden von dem Hund niemals als „höher stehend" angesehen, sondern als schutzbedürftig. Im Idealfall tritt der Beschützerinstinkt des Hundes nur dann in Aktion, wenn eine Bedrohung für das Kind besteht und äußert sich dann in Verbellen oder Knurren in Richtung der Bedrohung. Dieses Verhalten ist an sich positiv und fast schon wünschenswert. Allerdings liegt es in Ihrer Verantwortung als Hundebesitzer, genau darauf zu achten, was Ihr Hund als Bedrohung versteht und darauf entsprechend zu reagieren.

*Ein erhöhter Liegeplatz* verbessert die Übersicht.

## „Mein" Kind gehört zu mir

Der Raum: Manche Hunde ziehen eine räumliche Grenze, die ganz unterschiedlich groß sein kann. Jeder, der diese Grenze überschreitet, wird nun als potentielle Bedrohung angesehen. Ist dieser Raum klein, bezieht er sich z. B. nur auf den Kinderwagen, so ist das nicht weiter problematisch. Sie sollten allerdings immer darauf achten, Ihrem Hund mitzuteilen, dass kein Grund

*Dieser Schutz wirkt garantiert! Vorsicht vor Überreaktionen!*

zur Beunruhigung besteht, wenn Sie jemanden in den Kinderwagen schauen lassen.

▸ Ist der von Ihrem Hund festgelegte Sicherheitsraum jedoch größer, kann jeder Spaziergang zum Problem werden, da jeder Mensch oder Hund, der in Sichtweite kommt, als Gefahr angesehen wird. In diesem Fall müssen Sie so häufig wie möglich andere Menschen einladen, den Sicherheitsraum zu betreten, und dem Hund zeigen, dass keine Gefahr besteht. Manche Hunde richten ihren Schutzinstinkt auch gegen andere Hunde und weniger gegen Menschen. Auch hier gelten dieselben Verhaltensmaßregeln.

▸ Die Aktion: Mitunter findet der Hund die Annäherung an „sein" Kind nicht problematisch, reagiert aber sehr empfindlich darauf, wenn das Kind in der Interaktion mit anderen Menschen laute Geräusche macht oder sich schnell bewegt.

▸ Das kann natürlich vor allem im Spiel leicht vorkommen und es ist wenig erfreulich, wenn der spielende Gast plötzlich einem drohenden Hund gegenüber steht. Auch hier ist es wichtig, dieses Verhaltensmuster zu erkennen und durch häufiges, kontrolliertes Herbeiführen entsprechender Situationen eine Gewöhnung zu erreichen.

SMART

**Beschützt**

› **Fördern Sie** Beschützerverhalten Ihres Hundes nicht.

› **Reagieren Sie** beruhigend, aber nicht negativ auf beschützendes Drohverhalten.

# Welche Rechte hat der Hund?

**Natürlich rückt ein Hund etwas weiter in den Hintergrund, wenn ein Kind ins Haus kommt. Vor allem für Hunde, die vorher eine sehr zentrale Rolle im Leben ihres Frauchens oder Herrchens gespielt haben, kann das sehr schwierig sein. Auch wenn der Hund den ihm zugewiesenen Platz in der Rangordnung akzeptieren muss und auch wird, so hat er natürlich immer auch Rechte.**

Da sind zunächst einmal seine körperlichen Bedürfnisse, denen Rechnung getragen werden muss. Hierzu gehört natürlich sein Anspruch auf regelmäßige Fütterung, was aber zumeist kein Problem darstellt. Allerdings sollten Sie darauf achten, Ihren Hund nicht jedes Mal, wenn er etwas von Ihnen will, was Sie gerade nicht erfüllen können – wie z. B. spazieren gehen –, mit einem Kauknochen oder Ähnlichem ruhig zu stellen. Das funktioniert zwar häufig gut, wird aber schnell zu einem übergewichtigen Hund führen.

*Ausreichend Auslauf und Bewegung sind für einen Hund ausgesprochen wichtig!*

## Spaß und Entspannung

Hiermit sind wir bereits bei dem Recht des Hundes auf körperliche Aktivitäten. Jeder Hund hat ein Grundbedürfnis nach körperlicher Bewegung und muss sich regelmässig richtig austoben können.

▸ **Wenn Sie Ihren** Hund gut vorbereitet haben (Wie bereite ich meinen Hund vor, S. 10), dann ist die notwendige Auslastung Ihres Hundes in relativ kurzen, aber intensiven Spielperio-

*Positiver Körperkontakt stärkt die Bindung ungemein.*



den zu erreichen, die Sie in jeden kurzen oder längeren Spaziergang, auch mit Kind, einflechten können.

- **Von nicht zu** unterschätzender Wichtigkeit ist auch das Recht des Hundes auf Ruhe. Damit ist nicht nur gemeint, dass Ihr Hund nicht körperlich überlastet werden darf, sondern dass er einen Ort benötigt, an dem er sich wirklich ungestört entspannen kann.
- **Dieser Ort** ist der bereits genannte feste Liegeplatz des Hundes. Von ihm sollten Sie auch Ihr Kind fernhalten – es sollte im wahrsten Sinne des Wortes ein Rückzugsort für Ihren Hund sein.

SMART

**Bedürfnis**

› **Ihr Hund hat** ein Recht darauf, dass seine körperlichen und auch emotionalen Bedürfnisse erfüllt werden. Nehmen Sie sich jeden Tag ein wenig Zeit nur für Ihren Hund.

## Komm kuscheln!

Und schließlich hat Ihr Hund natürlich auch das Recht auf Zuwendung und Streicheleinheiten von Ihnen. Auch wenn er zurückstehen muss hinter einem Kind, so darf er sich doch nicht ausgeschlossen oder gar abgelehnt fühlen. Versuchen Sie, sich täglich ein wenig Zeit nur für den Hund zu nehmen. Machen Sie sich auch bewusst: Je lieber und wohlerzogener ein Hund ist, desto größer ist die Gefahr, ihn nur noch „nebenher mitlaufen" zu lassen. Ein Hund braucht aber auch den individuellen Kontakt und die Bestätigung der für ihn so wichtigen sozialen Bindung an „seine" Menschen. Hierfür reichen oft schon kurze Momente der direkten positiven Ansprache, z. B. abends, wenn Ruhe eingekehrt ist, oder auch während des Mittagschlafs der Kinder.

# Kinderbesuch

Mit Ihrem eigenen Kind stellt sich natürlich auch Kinderbesuch bei Ihnen zu Hause ein. Das beginnt zumeist bereits, wenn Ihr Kind noch ein Säugling ist, z. B. im Zusammenhang mit Mütter- und Krabbelgruppen. Falls Ihr Hund eher zurückhaltend auf Besuch im Allgemeinen oder Säuglinge im Besonderen reagiert, sollte er sich auf seinen Liegeplatz zurückziehen und hier ungestört bleiben können.

## Mit Ruhe

Falls Ihren Hund Besuch und Babys begeistern, sollte er natürlich jeden begrüßen dürfen – aber erst, nachdem alle einen Platz gefunden haben, Ruhe eingekehrt ist und Sie ihn von seinem Platz rufen. Sprechen Sie mit Ihren Gästen ab, welche Regeln im Umgang mit dem Hund gelten. Also beispielsweise, dass er nicht gefüttert werden darf oder dass er auf seinem Liegeplatz bitte nicht gestört werden soll usw. Wenn der Kinderbesuch älter wird, sehen Sie und Ihr Hund sich mit einer Vielfalt von Eigenschaften und möglicherweise Problemen konfrontiert. Es werden Kinder da sein, die überhaupt keine Erfahrung mit Hunden haben und die sehr ängstlich sind. Andere Kinder sind ebenso unerfahren, aber vollkommen respektlos im Umgang mit dem Hund. Weiter sind da Kinder, die vielleicht selber einen Hund zu Hause haben und davon ausgehen, dass alle Hunde sind wie ihr eigener – was natürlich überhaupt nicht stimmen muss. Kinder können vor allem in der Gruppe sehr laut und hektisch sein und zumeist beziehen sie jeden Winkel der Wohnung in ihr Spiel mit ein. Eine solche Situation ist natürlich zunächst eine echte Herausforderung für Ihren Hund und wahrscheinlich auch für Sie.

## Alles in rechter Ordnung

Auch bei Kindern ist es wichtig, zunächst einmal ein paar Regeln im Umgang mit Ihrem Hund abzusprechen – oder, falls die Kinder in Begleitung Ihrer Eltern sind, mit Eltern und Kindern. Diese Regeln sind unter anderem abhängig von der Persönlichkeit Ihres Hundes, aber es gibt auch einige grundlegende Regeln, die Sie auf jeden Fall festlegen sollten.

▸ **Hierzu gehört** wieder einmal, dass der feste Liegeplatz des Hundes tabu ist. Hier darf nicht gespielt werden, er darf auch nicht in eine andere Ecke gezogen werden, weil er im Weg ist oder Sonstiges. Ebenso gilt: Wenn der Hund sich auf seinem Platz befindet, muss er

### Besuchsregeln

- Der feste Liegeplatz des Hundes ist tabu!
- Es dürfen nur Hundeleckerli gefüttert werden.
- Der Hund gehört immer unter Ihre Aufsicht!

*Für das Spielen mit dem Hund gelten feste Regeln.*

in Ruhe gelassen werden. Auch wenn Sie möglicherweise von Ihren Gästen etwas „schief" angesehen werden, Ihr Hund verdient es, dass Sie ihm diesen Freiraum schaffen.

▸ **Ebenfalls eine** grundlegende Regel sollte sein, dass der Hund nicht unbeaufsichtigt gefüttert werden darf. Falls es Ihnen sinnvoll erscheint, dass die Kinder Ihren Hund aus der Hand füttern, halten Sie einige Leckerli bereit und lassen Sie diese unter Ihrer Aufsicht verfüttern.

## Ob groß, ob klein

Alle diese Grundregeln sind unabhängig von der Größe Ihres Hundes, auch wenn sich das Verhalten von Kindern gegenüber unterschiedlich großen Hunden zumeist grundlegend unterscheidet. Kleine Hunde werden häufig sehr respektlos behandelt, als eine Art lebendes Plüschtier, das man herumtragen und mitunter ziemlich drangsalieren kann. Große Hunde werden zunächst eher respektiert. Stellen sie sich aber als lieb heraus, müssen sie oft als Klettergerüst oder Reittier herhalten. Hunde, die den Umgang mit Kindern gewohnt sind, lassen sich oft sehr viel gefallen und ziehen sich zurück, wenn es ihnen zu viel wird.

▸ **Falls die Kinder** groß genug sind, um mit dem Hund zu spielen, sprechen Sie die Regeln mit ihnen ab, die in „Spielen mit dem Hund" beschrieben sind (s. S.44). In jedem Fall gilt natürlich wieder: Der Hund gehört zu jeder Zeit unter Ihre Aufsicht!

SMART

**Besuchszeit**

› **Sprechen Sie** mit Ihrem Besuch ein paar Regeln für den Umgang mit Ihrem Hund ab.

# Ein Hund für mein Kind


24 Wie alt sollte ein Kind sein?

26 Den Hund gemeinsam aussuchen

28 Welpe oder erwachsener Hund?

SPEZIAL 30 Was muss mein Kind wissen?

32 Welche Aufgaben hat das Kind?

SPEZIAL 34 Die Rolle der Eltern

36 Der Hund als Erziehungshilfe?

38 Kind und Hund allein zu Hause

40 Rangordnung

# Wie alt sollte ein Kind sein?

Häufig entscheiden Paare sich für einen Hund, bevor sie Kinder haben. Der Hund nimmt dann mitunter eine ähnliche Position ein wie ein Kind: er ist abhängig von der Versorgung durch den Menschen, Herrchen und Frauchen sind sein sozialer Lebensmittelpunkt. Häufig richtet sich die gesamte Freizeitgestaltung nach dem Hund: lange Spaziergänge, Ballspiele, keine Aufenthalte an Orten, zu denen der Hund nicht mitkann. Ein herrliches Hundeleben!

## Alles anders?

Was bedeutet es für den Hund, wenn Familienzuwachs in Form eines Menschenbabys Einzug hält? Der Hund muss lernen, dass er nicht mehr allein im Zentrum des Geschehens steht. Diese einschneidende Erfahrung sollte der Hund auf jeden Fall machen, bevor das Baby da ist (Wie bereite ich meinen Hund vor, S. 10).

## Zwei auf einen Streich

Es besteht aber auch die Möglichkeit, dass Sie bereits länger einen Hund haben wollten, dies aus Zeitmangel jedoch nicht realisieren konnten.

▸ **Wenn beide Partner** ganztags berufstätig sind, besteht kaum eine Möglichkeit, einen Hund angemessen zu versorgen. Mitunter entsteht dann die Idee, dass der Elternschaftsurlaub doch die ideale Zeit wäre, um nun endlich einen Hund anzuschaffen.

▸ **Oftmals denkt man** dann an einen Welpen mit der romantischen Vorstellung, dass Kind und Hund gemeinsam aufwachsen können. Viele Eltern haben auch die Hoffnung, dass der Umgang mit einem Hund sich positiv auf das Verhalten ihres Kindes auswirken kann – und das nicht zu Unrecht. Allerdings gelingt diese positive Verstärkung nur dann, wenn die Eltern auch noch die Zeit aufbringen können, die Interaktionen zwischen Kind und Hund zu begleiten.

▸ **Unterschätzen Sie nicht** die Zeit und Energie, die Sie benötigen, um sich gleichzeitig um ein kleines Kind und einen jungen Hund kümmern zu können. Viel Geduld und starke Nerven sind hier unerlässlich.

## Im Krabbelalter

Wenn Ihr Kind erst ein Krabbelkind ist, haben Sie bereits eine anstrengende Zeit überstanden und genießen es wahrscheinlich, dass Ihr Kind nun aktiver am gemeinsamen Leben beteiligt ist. Ist jetzt die richtige Zeit, sich einen Hund anzuschaffen?

▸ **Für Krabbelkinder** sind Hunde oftmals nichts anderes als ein sich bewegender Teddy-

### Altersstufen

**Je nach Alter kann Ihr Kind an der Versorgung des Hundes beteiligt werden.**

**Berücksichtigen Sie aber auch die individuelle Entwicklung des Kindes.**

*Dem Hund kleine Kunststücke beizubringen ist für viele Kinder eine wahre Freude!*

bär. Sie haben noch keine Vorstellung davon, dass sie anderen Lebewesen Schmerzen zufügen können. Schmerzvolles Fiepen eines Hundes, dem in die Nase gekniffen wurde, ist für ein Krabbelkind eher eine Herausforderung, dieses lustige Geräusch gleich noch einmal zu produzieren.

- Geduld, viel Aufmerksamkeit und gute Nerven sind gefragt, wenn Sie die Integration eines Hundes in Ihre Krabbelkind-Familie bewältigen wollen.
- Gelingt Ihnen das, ist ein Hund aber auch sicher eine wertvolle Bereicherung der Lebenswelt des Kindes und umgekehrt kann das Kind zu einem wertvollen Spiel- und Sozialpartner des Hundes werden.

## Selber Verantwortung tragen

Schulkinder sind bereits in der Lage, Verantwortung in begrenztem Maße zu übernehmen und sich an der Versorgung eines Hundes zu beteiligen. Allerdings haben sie auch bereits andere Verpflichtungen und müssen also lernen, sich auch in ihrer begrenzten Freizeit noch um die Bedürfnisse des Hundes zu kümmern. Ein Hund kann aber für ein Schulkind auch ein wichtiger Sozialpartner sein, sogar eine emotionale „Vertrauensperson", die eine ausgleichende Rolle spielen kann. Darüber hinaus ist ein Hund auch ein tolles Gesprächsthema zwischen Kindern!

SMART

### Richtige Zeit

- **Es gibt kein** Idealalter des Kindes für die Anschaffung eines Hundes. Jedes Alter hat seine Vor- und Nachteile.

# Den Hund gemeinsam aussuchen

Bevor Sie einen Hund aussuchen, sollten Sie zunächst eine Vorstellung davon haben, was Sie eigentlich suchen. Hierbei spielen die Lebensgewohnheiten der Familie eine Rolle, aber auch der Charakter und die Bedürfnisse des Hundes. Sind Sie eine sportliche Familie, die oft und viel mit dem Hund spazieren gehen wird? Wohnen Sie in der Stadt oder auf dem Land? Stört es Sie nicht, das Fell des Hundes häufig bürsten zu müssen?

Wenn Sie über derartige Fragen Klarheit gewonnen haben, wissen Sie, was Sie von einem Hund wollen, aber auch, was der Hund von Ihnen erwarten kann. Der folgende Schritt ist, sich über verschiedene Hunderassen zu informieren. Zu fast allen Hunderassen gibt es Bücher, aus denen Sie die wichtigsten Rasseeigenschaften erfahren können.

*Die ganze Familie sollte bei der Auswahl des Familienhundes mit einbezogen werden.*

Aber auch über das Internet sind gute Informationen zu bekommen. Allerdings ist es auch wichtig sich zu versichern, dass die Informationen fundiert und glaubwürdig sind.

## Rasse ist Klasse

Interessieren Sie sich für einen Rassehund, kann es sinnvoll sein, eine Hundeschau zu besuchen und mit erfahrenen Züchtern zu sprechen. Hier können Sie viel über die spezifischen Eigenschaften der unterschiedlichen Rassen erfahren. Und natürlich können Sie sich auch an einen Tierarzt wenden, um sich über Hunderassen zu informieren.

- Vergessen Sie dabei aber nicht, dass jeder Hund individuelle Eigenschaften hat, die stark von den „typischen" Rasseeigenschaften abweichen können!
- Ein in jedem Falle sinnvoller Schritt ist es, verschiedene Tierheime zu besuchen. Hier können Sie sich vor allem auch über die Probleme informieren, die ein Hund mit sich bringen kann. Auch

können erfahrene Tierheimmitarbeiter oftmals gut einschätzen, welcher Hund zu einer Familie passt.

▸ Informieren Sie sich in jedem Fall an mehreren Stellen, bevor Sie eine Wahl treffen.

## Ein Leben lang

Ein Hund wird zwischen 8 und ca. 15 Jahren alt. Das bedeutet natürlich, dass Sie eine lange Zeit mit dem Tier verbringen werden, vor allem, wenn Sie sich für einen Welpen entscheiden. Nehmen Sie sich daher ausreichend Zeit, bevor Sie zusammen mit Ihrer Familie eine Wahl treffen. Lassen Sie sich nicht vom Äußeren eines Hundes leiten, sondern richten Sie sich vor allem nach dem Charakter des Hundes. Dieser entscheidet darüber, ob der Hund gut zu Ihrer Familie und Ihren Lebensgewohnheiten passt.

SMART

### Äußerlichkeit

› **Suchen Sie** Ihren Hund nicht aufgrund seines Aussehens aus! Vor allem sein Charakter muss zu Ihrer Familie passen.

*Welpen sind für Kinder immer besonders anziehend.*

Seien Sie bei der Einschätzung ehrlich mit sich selbst und dem Hund. Sie können sich so viel Ärger ersparen.

## Rechte und Pflichten

Sprechen Sie auch mit ihren Kindern vor der Anschaffung eines Hundes darüber, welche Pflichten sie bei der Vorsorgung haben werden. Seien Sie dabei möglichst konkret. Trotz aller Absprachen muss Ihnen natürlich klar sein, dass im Zweifelsfall die Aufgaben von Ihnen erledigt werden müssen.

# Welpe oder erwachsener Hund?

Sowohl die Anschaffung eines Welpen als auch die Anschaffung eines erwachsenen Hundes ist mit Vor- und Nachteilen verbunden. Welpen sind natürlich ausgesprochen niedlich und wecken unseren Beschützerinstinkt. Wenn Sie sich für einen Welpen entscheiden, sollten Sie darauf achten, dass Sie ihn nicht zu früh zu sich holen. Er sollte auf jeden Fall die sogenannte Sozialisationsperiode, die abhängig von der Rasse unterschiedlich lang ist (ca. 10–12 Wochen), bereits hinter sich haben.

## Guter Rat

Gute Züchter sorgen dafür, dass der Welpe in dieser Zeit möglichst viele verschiedene Erfahrungen mit seiner Umwelt macht, nicht nur mit Gegenständen und Situationen, sondern vor allem auch mit Menschen. Sie gewinnen in dieser Zeit auch einen guten Eindruck von dem jeweiligen Charakter des Tieres und können Ihnen sagen, ob Sie es mit einem eher zurückhaltenden oder sehr selbstbewussten Hund zu tun bekommen. Die Entscheidung, welcher Welpe zu Ihrer Familie passt, kann daher am besten zusammen mit dem Züchter getroffen werden.

## Alles okay?

Wichtig ist natürlich auch, den Gesundheitszustand des Welpen einzuschätzen. Hat er tränende Augen? Sieht sein Fell gut aus? Er sollte auch bereits geimpft sein.

▸ In jedem Fall kostet die Erziehung eines Welpen viel Zeit und Geduld. Stubenreinheit ist zumeist relativ schnell erreicht, die soziale Erziehung des Hundes aber dauert viele Monate.

▸ In den meisten Hundeclubs gibt es Welpenstunden, wo auch erste Gehorsamsübungen erlernt werden können. Vor allem dann, wenn man noch unerfahren im Umgang mit Hunden ist, können diese Welpenstunden sehr hilfreich sein, denn hier kann man viel über Hundeverhalten lernen: Was kann ich von meinem Welpen erwarten? Wie konsequent muss ich sein?

▸ Unabhängig von der eigenen Erfahrung kostet die Erziehung eines Hundes jedoch immer sehr viel Zeit. Wenn alles gut geht, macht es jedoch auch sehr viel Freude und bietet auch die Möglichkeit, sich perfekt aufeinander ein- und abzustimmen.

## Das kann ich schon

Auch die Anschaffung eines bereits erwachsenen Hundes hat Vorteile. Zumeist ist ein erwachsener Hund natürlich bereits stubenrein und manchmal schon sehr

### Jung oder Alt?

**Die Erziehung eines Welpen kostet viel Zeit!**

**Der Charakter eines erwachsenen Hundes ist bereits ausgeformt und gut einschätzbar – das kann vor Überraschungen bewahren.**

*Ein Welpe ist nicht nur niedlich und anschmiegsam – er ist auch arbeitsintensiv.*

gut erzogen. Das kann vor allem für weniger erfahrene Hundehalter ein wichtiger Aspekt sein. Auch hat man viel mehr Informationen über den Charakter des Hundes und kann daher besser einschätzen, ob er auch gut zur Familie passt. Wenn das nicht so ist, sollten Sie den Hund nicht zu sich nehmen, auch wenn er noch so schön aussieht.

▸ Auch bereits erwachsene und ältere Hunde können noch gut lernen. Es ist zumeist kein Problem, ihm neue Tricks beizubringen oder auch Verhaltensweisen abzugewöhnen, die Ihnen nicht recht sind. Die Lernfähigkeit eines Hundes bleibt bis ins hohe Alter bestehen. Allerdings kostet auch die „Umerziehung" eines Hundes Zeit und es gibt durchaus Verhaltensweisen, die Hunde nur sehr ungern und langsam aufgeben. Wenn ein Hund es einmal gewöhnt ist, auf der Couch liegen zu dürfen, müssen Sie ihm die Zeit und Möglichkeit geben zu begreifen, dass Sie das nicht wünschen.

SMART

**Erwachsen**

› **Es muss nicht** immer ein Welpe sein! Auch ein erwachsener Hund kann sich gut in Ihre Familie einleben.

▸ Ob Sie sich nun für einen jungen oder älteren Hund entscheiden, Sie haben es in jedem Fall mit einer eigenen Persönlichkeit zu tun, auf die Sie und Ihre Familie sich bis zu einem gewissen Grad einstellen müssen. Auch ein Welpe ist kein unbeschriebenes Blatt, sondern bringt Anlagen und Veranlagungen mit, die einerseits Möglichkeiten mit sich bringen, andererseits aber auch Grenzen schaffen.

# Was muss mein Kind wissen?

**Kinder und Hunde können viel gemeinsam erleben. Aber das geschieht nicht von selbst. Eine der schönsten Erfahrungen am Zusammenleben mit einem Hund ist, ihn verstehen zu lernen. Wie spricht ein Hund mit uns? Kinder müssen lernen, dass ein Hund sich mithilfe seiner Körpersprache ausdrückt.**

Sie müssen auf die Schwanzhaltung, die Ohrenstellung, die Lippenbewegung und seine gesamte Körperhaltung achten und die Bedeutung dieser Signale verstehen lernen. Was bedeutet es, wenn mein Hund mit dem Schwanz wedelt oder sich auf den Rücken legt? Wann knurrt mein Hund zum Spaß, und wann meint er es ernst?

## Kind erzieht Hund

Für Kinder ist es aber auch eine wichtige Erfahrung zu sehen, dass sie einem Hund Dinge beibringen können, z. B. SITZ zu machen. Und sie verstehen schnell, dass das Befolgen eines Kommandos immer mit einem Lob oder Streicheln belohnt werden sollte.
Kinder müssen lernen, dass auch ihre Körpersprache von dem Hund beobachtet wird und dass es grundlegende

1 ◂ Auch sehr kleine Kinder können bereits in kleinen Schritten lernen, mit einem Hund richtig umzugehen. Hierzu gehört auch, was man einem Hund zu fressen geben darf. Der Hund muss natürlich auch lernen, das Futter aus der Kinderhand sehr vorsichtig zu nehmen und nicht danach zu schnappen. Wichtig ist, dass Sie bei solchen Übungen immer anwesend sind, um Hund und Kind im Blick zu halten. So können Sie eingreifen, wenn es notwendig sein sollte.

Unterschiede in der Körpersprache von Hund und Mensch gibt. Wenn wir lachen, zeigen wir beispielsweise viele Zähne, was für den Hund eher aggressiv aussieht. Je besser Kinder die Körpersprache eines Hundes kennen, desto weniger Missverständnisse wird es geben.

## Mit Verständnis

Manche Kinder sind dermaßen begeistert davon, dass sie dem Hund Dinge beibringen können –, wo doch sonst immer nur sie erzogen werden! – dass sie sich alle möglichen Kunststücke für den Hund ausdenken. Eltern müssen gut darauf achten, dass der Umgang mit dem Hund fair bleibt, nicht zu viel von ihm verlangt wird und keine „Strafen" erfolgen, wenn der Hund mal nicht tut, was das Kind will. Es ist sinnvoll, dass Kinder gemeinsam mit ihren Eltern beobachten und dabei erklärt bekommen, warum ein Hund manchmal nicht folgt, z. B. wenn er etwas nicht versteht oder wenn er sich nicht wohlfühlt.
Sehr wichtig ist natürlich auch, dass ein Kind weiß, was gesund für den Hund ist und was nicht. Hierzu gehört auch die Information, was ein Hund essen darf und dass manche Menschenleckerli für einen Hund giftig sein können wie beispielsweise Schokolade, Weintrauben oder Rosinen.

2

▲ Etwas ältere Kinder sollten dazu angehalten werden, in das Spiel mit dem Hund Gehorsamsübungen einzubauen. SITZ sollte z. B. jeder Hund können und auch bei Ihren Kindern ausführen. Das ist eine gute Übung für Hund und Kind und gibt Ihnen die Möglichkeit zu beurteilen, wann der Hund Ihr Kind als ranghöher akzeptiert.

# Welche Aufgaben hat das Kind?

**Welche Verpflichtungen ein Kind hat und erfüllen kann, ist in erster Linie abhängig von seinem Lebensalter und seiner Entwicklungsstufe.**

## Individuell

Ein Kind von drei Jahren kann nicht mit dem Hund spazieren gehen, es kann ihm aber Wasser geben oder sein Futter hinstellen.

▸ Auch ist das eine Kind begeistert von Hunden, ein anderes ist das nicht oder hat sogar Angst. Die Begeisterung für Hunde kann sogar zwischen Kindern ein und derselben Familie sehr unterschiedlich sein. Je nach Interesse des Kindes kann ein Kind möglicherweise mehr Verpflichtungen bei der Versorgung des Hundes übernehmen, ein anderes dafür mehr im Haushalt mithelfen.

▸ Natürlich werden Verpflichtungen nicht immer als angenehm empfunden. Mit dem Hund spazieren zu gehen, kann viel Spaß machen, wenn das Wetter gut ist – es muss aber auch geschehen, wenn es regnet. Es ist sinnvoll, miteinander einen Plan abzusprechen, wer wann was zu erledigen hat. Dieser Plan kann dann in der Küche auf eine Tafel geschrieben werden, wo er für alle gut sichtbar ist.

▸ Auf diese Weise lernen Kinder, ihrem Alter entsprechend Verantwortung zu übernehmen und zu tragen.

*Auch wenn es kalt draußen ist, Hunde brauchen Bewegung.*

## Verantwortung lernen

Es ist wichtig, dass Kinder verstehen, dass ihr Hund abhängig von ihnen ist. Er muss jeden Tag versorgt werden. Möglicherweise muss er nicht nur gefüttert und rausgelassen, sondern auch gebürstet werden.

▸ Auf jeden Fall braucht ein Hund viel Liebe und Zuwendung, man kann ihn nicht unbeachtet lassen, wenn man gerade keine Lust mehr auf den Hund oder etwas anderes vor hat. Ein Kind muss lernen, dass die Bedürfnisse des Hundes wichtiger sein können als die Erfüllung der eigenen Wünsche. Auch das gehört dazu, wenn man einen Hund hat.

▸ Kinder vergessen schnell einmal die Zeit, wenn sie mit ihren Freunden spielen oder mit etwas anderem beschäftigt sind. Sie müssen erst lernen, sich an Zeitabsprachen zu halten. Die Verantwortung liegt bei den Eltern, sie müssen darauf achten, dass Absprachen über die Versorgung des Hundes weder das Kind überfordern, noch zu Lasten des Hundes gehen, weil ihnen nicht nachgekommen wird. Die letztendliche Verantwortung für das Wohlbefinden des Hundes und seine Gesundheit bleibt natürlich immer bei den Erwachsenen. Machen Sie sich auch bewusst, dass Ihre Kinder sich an Ihnen orientieren: Je mehr Freude Sie im Umgang mit dem Hund und bei der Erledigung der Pflichten zeigen, desto weniger werden sie den Kindern als lästig erscheinen.

*Auch das Führen eines Hundes an der Leine will geübt sein!*

SMART

**Pflichten**

- **Binden Sie Ihr** Kind seinem Alter entsprechend in die Versorgung des Hundes ein – es kann dabei viel lernen.
- **Achten Sie** darauf, dass die Aufgaben altersgerecht verteilt werden und auch Interessen berücksichtigen.

# Die Rolle der Eltern

**Eltern sind zu jeder Zeit verantwortlich für die Gesundheit und das Wohlergehen, nicht nur ihrer Kinder, sondern auch des Hundes. Die Eltern müssen daher gut informiert sein über die Bedürfnisse und die Eigenschaften des Hundes – auch, wenn der Hund „für“ das Kind angeschafft wurde.**

Das ist nur dann möglich, wenn auch die Eltern es schön finden, einen Hund zu haben. Wenn das nicht der Fall ist, sollte ein Hund gar nicht erst angeschafft werden, denn die letztendliche Verantwortung liegt bei den Eltern.

## Ein Leihhund

Wenn Ihr Kind sich sehr zu Hunden hingezogen fühlt, Sie selber jedoch nicht, sollten Sie andere Möglichkeiten finden, der Hundeliebe Ihres Kindes nachzukommen, als durch die Anschaffung eines eigenen Hundes. Vielleicht haben die Großeltern oder Nachbarn einen Hund? Möglicherweise kann Ihr Kind – im entsprechenden Alter – Hundesitter werden und so regelmäßig Umgang mit den geliebten Vierbeinern haben.

1 ◂ Für die Eltern kann es eine anstrengende und manchmal auch schwierige Aufgabe sein, den Anforderungen von Kindern und Hunden gerecht zu werden. Viel Geduld und gute Nerven gehören auf jeden Fall zur benötigten Grundausstattung. Dann kann es viel Spaß machen, die Freizeit mit den zwei- und vierbeinigen Familienmitgliedern zu verbringen, und beispielsweise bei gutem Wetter im Freien zu spielen.

## Folgekosten

Kinder können den zeitlichen und finanziellen Aufwand nicht abschätzen, den ein Hund mit sich bringt. Er muss beispielsweise regelmäßig geimpft und entwurmt werden, und bei Erkrankungen können erhebliche Tierarztkosten anfallen. Mit der Anschaffung eines Hundes übernimmt man natürlich auch die Verantwortung dafür, dass sein Leben nicht nur glücklich, sondern auch gesund verläuft.
Neben dem Wissen über Hunde müssen Eltern auch noch Kenntnis über die Interaktionen zwischen Kind und Hund haben. Was sind die Möglichkeiten, was die Beschränkungen und Gefahren? Was kann ich meinem Kind zumuten und was dem Hund? Informieren Sie sich gut, bevor Sie der Anschaffung eines Hundes zustimmen. Sprechen Sie mit anderen Hundebesitzern – vor allem Familien – über deren Erfahrungen. Einen Hund wieder wegzugeben, wenn er einmal in der Familie ist, wird für Kind und Hund ein dramatisches und manchmal sogar traumatisches Erlebnis sein!

2

▲ Für Kinder sind bei der Auswahl des Hundes oft vor allem das Aussehen und das Wesen des Tieres wichtig. Eltern sollten sich aber auch darüber informieren, wie hoch der Pflegeaufwand eines Hundes ist und ob ein erhöhtes Risiko für (rassetypische) Erkrankungen besteht. Nicht nur der Zeitaufwand, sondern auch die Folgekosten können ansonsten einen überraschenden und schwindelerregenden Umfang erreichen.

# Der Hund als Erziehungshilfe?

**Aus wissenschaftlichen Untersuchungen wissen wir, dass Hunde einen positiven Einfluss auf die Entwicklung von Kindern nehmen können.**

## Einfühlungsvermögen

Kinder, die Kontakt zu einem Hund haben, müssen sich, um eine erfolgreiche Beziehung zu dem Hund aufbauen zu können, in den Hund hineinversetzen. Das Lernen, sich in ein anderes Lebewesen hineinzudenken, hat meistens zur Folge, dass das Kind sich auch besser in andere Kinder und selbst Erwachsene einfühlen kann. Ist mein Gegenüber fröhlich oder traurig? Und wie gehe ich damit um?

- Ebenfalls ein wichtiger Aspekt ist, dass Kinder durch den Umgang mit einem Hund lernen können, die eigenen Wünsche eine Zeit lang hinten anzustellen, um erst die Bedürfnisse des Gegenübers zu stillen.

*Ein Hund kann mitunter im wahrsten Sinne des Wortes der beste Freund eines Kindes sein.*

- Kinder sind, ebenso wie Erwachsene manchmal frustriert und böse, z. B. weil sie sich ungerecht behandelt fühlen. Sie müssen im Umgang mit einem Hund lernen, diese Frustration dann nicht an dem Tier auszulassen.
- Da der Hund von seinen menschlichen Partnern, auch von Kindern, abhängig ist, erfahren Kinder in dieser Beziehung auch ihre eigene Macht über den Hund. Mit dieser Macht umzugehen und sie nicht zu missbrauchen, gehört ebenfalls zu den Dingen, die ein Kind lernen muss.
- All diese Aspekte können von Eltern gut in die Erziehung des Kindes integriert werden. Hierbei hat natürlich der Umgang der Eltern mit dem Hund eine wichtige Vorbildfunktion und ist für das Kind wegweisend.
- Wie in anderen Situationen auch, imitieren Kinder häufig das Verhalten ihrer Eltern, im Guten wie im Schlechten. Überprüfen Sie daher auch Ihr eigenes Verhalten, falls Sie Probleme im Umgang des Kindes mit dem Hund erkennen.

*Auch Geheimnisse kann man mit einem Hund prima teilen!*

## Vertrau mir

Für viele Kinder ist ein Hund eine Art „Vertrauensperson“: Jemand, der immer für das Kind da ist und es ohne jegliche Vorurteile so akzeptiert, wie es ist. Und wenn der Hund die Nähe des Kindes sucht und mit ihm schmust, hat das Kind oftmals das Gefühl, dass es zumindest von einem Lebewesen auf der Welt verstanden wird.

Es tut immer gut, so einen Freund zu haben. Das gilt aber umso mehr, wenn ein Kind Probleme mit der Schule oder zu Hause hat. Dann ist ein Hund oftmals die erste „Person“, an die ein Kind sich wendet, um emotionalen Rückhalt zu finden. Unnötig zu erwähnen, dass ein Hund nicht die Beziehung zu Eltern und Geschwistern ersetzen kann. Untersuchungen haben aber gezeigt, dass ein Hund einem Kind fast so nahe stehen kann, wie die menschlichen Familienmitglieder. Natürlich sollte Ihr Kind sich nicht so sehr auf den Hund fixieren, das die Beziehungen zu Menschen darunter leiden.

SMART

### Beziehungen

- **Ein Hund kann** eine echte „Vertrauensperson“ und ein guter Freund des Kindes werden. Das kann Beziehungen zu anderen Menschen aber nicht ersetzen!

# Kind und Hund allein zu Hause

Kleine Kinder, zumeist bis zu einem Alter von drei Jahren, können sich nicht in andere Lebewesen hineinversetzen. Sie wissen beispielsweise nicht, dass auch ein Hund Schmerzen empfinden kann. Daher kann es passieren, dass sie den Hund – oder auch andere Menschen – schlagen oder kneifen. Dies geschieht nicht, um Schmerz zuzufügen, sondern einfach, um die Umwelt auszuprobieren und zu sehen, was geschieht. So lernen Kinder ihre Umgebung begreifen, auch die sie umgebenden Lebewesen.

Diese Art der Erkundung dauert bei Kleinkindern einige Zeit, und bis sie jeweils vorbei ist, wird so mancher Hund die Erfahrung gemacht haben, dass das Kind ihm gerne mal ins Auge piekst, an seinem Schwanz hängt oder auf ihm herumklettert. Zwar lernen Kinder schnell, was die unmittelbare Reaktion auf ihr Vorgehen ist, die längerfristigen Folgen können sie aber natürlich nicht abschätzen. Als Konsequenz können Hunde sich vor allem von kleinen Kindern durchaus bedroht fühlen – nicht in sozialem Sinne, aber durchaus im körperlichen.

*Vor allem kleine Kinder sind mitunter völlig angstfrei gegenüber einem Hund.*

## Sicherheit geht vor

Unfälle, bei denen Kinder von einem Hund gebissen werden, können als Folge solcher Umwelterkundungen geschehen.

- **Angriffe von Hunden,** bei denen Kinder als Beute oder Gegner angesehen werden, sind dagegen überaus selten.
- **Unabhängig von** der Ursache können die Folgen eines Hundebisses für ein kleines Kind überaus dramatisch sein und sogar zum Tode führen. Selbst ausgesprochen positives Verhalten, z. B. Pflegeverhalten, kann zur Katastrophe führen, wenn der Hund beispielsweise meint, das Kind an

einen anderen Ort tragen zu müssen.

▸ Daher sollten kleine Kinder niemals mit Hunden alleine gelassen werden – auch nicht für ein paar Minuten.

## Alt genug

Eltern können den Umgang ihres Kindes mit dem Hund täglich beobachten und dementsprechend auch einschätzen, wann das Kind anfängt, sich mit dem Hund verständigen zu können. Erst dann, wenn Kind und Hund einander als Sozialpartner verstehen, können sie auch ohne die Aufsicht von Erwachsenen zurechtkommen. Abhängig von der individuellen Entwicklung des Kindes und von der Persönlichkeit des Hundes kann man ein Kind von ca. 12 Jahren auch für etwas längere Zeit mit einem Hund alleine lassen.

SMART

### Aufsicht

- **Hunde sehen Kinder** nicht als Beute. Bissverletzungen entstehen meist aus Abwehr, wenn das Kind dem Hund zu grob war.
- **Lassen Sie** Ihr Kind nie mit einem Hund alleine.

*Fremde Hunde sollten ausschliesslich nach Zustimmung des Besitzers angefasst werden.*

## Grenzfälle

Es gibt natürlich auch immer Situationen, auf die man ein Kind schlecht vorbereiten kann. Wenn Ihr Kind alleine mit dem Hund spazieren geht, kann es beispielsweise in einen Konflikt mit einem fremden Hund geraten. Oder Ihr Hund erschreckt sich vor einem unbekannten Geräusch und läuft weg. Versuchen Sie, mit Ihrem Kind auch für solche unvorhersehbaren Situationen einige Grundregeln abzusprechen. So z.B., dass es niemals dazwischen gehen darf, wenn Hunde miteinander kämpfen. Sorgen Sie auch dafür, dass immer ein Erwachsener für das Kind erreichbar ist, falls der Hund wegläuft oder verletzt wird.

# Rangordnung

**Babys und Krabbelkinder werden von jedem Hund als hilflos und unterlegen wahrgenommen. Es gibt Hunde, die einen sehr ausgeprägten Pflegeinstinkt haben und gegenüber einem kleineren Kind sofort eine Beschützerrolle übernehmen.**

Andere Hunde reagieren irritiert und unsicher auf kleine Kinder, möglicherweise, weil sie gar keine oder sogar schlechte Erfahrungen mit Kindern gemacht haben. Hier sollte man auf eine ausreichende Distanz zwischen Hund und Kind achten, denn ein körperlicher Verweis von einem Hund kann selbst dann, wenn der Hund das nicht beabsichtigt, zu schweren Verletzungen bei einem Menschenkind führen. Dies gilt auch für kleine Hunderassen, nicht nur für große.

*Die Augenhöhe ist nicht entscheidend für die Rangordnung!*

## Positive Grundeinstellung

Es liegt in der Verantwortung des Hundebesitzers, dafür zu sorgen, dass der Hund positive Erfahrungen mit kleinen Kindern macht und von deren Anwesenheit nicht verunsichert wird.

- **Häufiger, gut kontrollierter** Umgang mit Kindern ist wichtig, Ruhe und positive Verstärkung des Menschen ist noch wichtiger.
- **Ein gut sozialisierter** Hund versteht seine erwachsenen Besitzer in jedem Fall als ranghöher und orientiert sich in seinem Verhalten entsprechend an ihnen.
- **Der aufrechte Gang** alleine macht aus einem Kind noch keinesfalls einen ranghöheren Menschen für den Hund. Laufen führt zunächst einmal nur dazu, dass der Hund besser erreicht und verfolgt werden kann.
- **Es ist wichtig,** dem Hund zu vermitteln, dass er nie-

mals aggressives Verhalten gegenüber dem Kind zeigen darf, und gleichzeitig dem Kind beizubringen, dass es den Hund in Ruhe lassen muss, wenn er sich von ihm entfernt.

- Hat der Hund keine Rückzugsmöglichkeit und wird fortgesetzt durch ein Kind bedrängt, wird er notgedrungen irgendwann aggressiv reagieren.

## Kommandos akzeptieren

In dem Maße, in dem das Umweltverständnis des Kindes wächst und sein Sozialverhalten differenzierter wird, wird es auch von dem Hund als Sozialpartner akzeptiert. Es ist gut möglich, dass ein Hund mitunter bereits die Kommandos eines 3- oder 4-jährigen Kindes befolgt, wenn er dafür eine Belohnung von dem Kind erhält. Ein Hinweis darauf, dass das Kind als ranghöher akzeptiert wird, ist dies jedoch nicht. Achten Sie darauf, ob Ihr Hund auch dann noch Kommandos des Kindes folgt, wenn er eigentlich etwas anderes will. Kann Ihr Kind den Hund vom Futternapf abrufen? Kann es den Hund mit Kommandos dazu bringen, von seinem Lieblingsspielzeug abzulassen? Wenn dies gelingt, können Sie davon ausgehen, dass der Hund beginnt, das Kind als ranghöher anzusehen.

*Erst jetzt können Sie beginnen, Kind und Hund auch mal unbeaufsichtigt zu lassen.*

SMART

**Rangordnung**

- **Kinder werden** zuerst nicht als ranghöher angesehen.
- **Kinder müssen** eine gewisse Reife erreichen, bevor ein Hund sie als ranghöher akzeptiert. Erst dann wird der Hund den Kommandos des Kindes auch in Konfliktsituationen Folge leisten.

# Gemeinsam durchs Leben


44 Spielen mit dem Hund

46 Essen mit dem Hund

48 Gehört der Hund ins Kinderbett?

SPEZIAL 50 Das Kind verlässt das Haus

52 Hunde und kranke Kinder

SPEZIAL 54 Kinder und kranke Hunde

56 Trauerverarbeitung

58 Einer für alle – alle für einen

# Spielen mit dem Hund

**Hunde und Kinder müssen lernen, miteinander zu spielen. Viele der Spielregeln, die zwischen Kindern gelten, funktionieren bei Hunden nicht oder haben sogar sehr unerwünschte Effekte. Es ist daher wichtig, mit dem Kind Spielregeln abzusprechen.**

Häufig laufen Kinder vor dem Hund weg, wenn dieser zu ruppig spielt. Das aber versteht er als Aufforderung zu einem ausgelassenen Laufspiel. Ebenfalls oft zu beobachten ist, dass das Kind versucht, den Hund wegzuschubsen, wenn es zu sehr bedrängt wird. Aber auch das wirkt auf einen Hund nur verstärkend und animiert ihn dazu, das Kontaktspiel fortzusetzen.

Auch hundegerechtes Streicheln will gelernt sein.

## Fehleinschätzung

Besonders Hunde, die nicht mit Kindern aufgewachsen sind und die daher zunächst gelernt haben, mit anderen Hunden oder erwachsenen Menschen zu spielen, überschätzen die Kraft und Standfestigkeit von Kindern leicht.

- **Vor allem kleinere Kinder** fallen beim Toben mit Hunden oft hin und erschrecken sich dann und haben verständlicherweise Angst, wenn der Hund über ihnen steht oder ausgelassen auf sie zuspringt.
- **Mithilfe einiger Grundregeln** können Sie dafür sorgen, dass das Spiel von Kind und Hund nicht zum Dauerstress wird.
- **Aufsicht:** Hunde und – vor allem kleinere – Kinder sollten niemals unbeaufsichtigt miteinander spielen. Auch wenn Sie Ihrem Hund vertrauen – es sind oftmals die Kinder, die auf unvermutete Ideen kommen und sich dadurch in Gefahr bringen!
- **Machen Sie sich** auch bewusst, dass Ihr Hund keineswegs zur reißenden Bestie

werden muss, um einem Kind Schaden zuzufügen.

- **Spielunterbrechung:** Bringen Sie Ihrem Hund bei, dass jegliches Spiel unterbrochen werden muss, wenn das Kind am Boden liegt. Das erreichen Sie, indem Sie den Hund immer PLATZ machen lassen, wenn das Kind hinfällt.

## Gut zu wissen

Spielsignale: Auch Ihr Kind muss lernen, dass es im Spiel mit dem Hund bestimmte Signale benutzen muss. Diese Signale muss es erst lernen. Zeigen Sie Ihrem Kind, dass es still stehen bleiben muss, wenn es nicht mehr weiter spielen will. Hierzu gehört, auch die Arme still zu halten und dazu einen Unterbrechungsbefehl zu sagen wie z.B. NEIN oder AUS. Zunächst wird Ihr Hund wahrscheinlich den Befehlen des Kindes nicht folgen und Sie müssen unterstützend eingreifen. Sobald der Hund gelernt hat, dass das Spiel völlig abgebrochen wird, wenn er den Anordnungen des Kindes nicht folgt, wird er sich darauf einstellen. Natürlich gilt es hier auch darauf zu achten, dass Ihr Kind diese Befehle nur in der richtigen Situation einsetzt.

SMART

### Spielregeln

› **Auch im Spiel** mit einem Hund kann ein Kind zu Schaden kommen. Stellen Sie einige Spielregeln auf und üben Sie diese gemeinsam mit dem Kind.

*Spielerische Erfahrung: Auch ein Hund muss trinken!*

## Grundrauschen

Versuchen Sie Ihrem Kind auch zu vermitteln, das es den Hund nur dann rufen sollte, wenn es auch etwas von ihm will. Wird der Hund pausenlos ohne Grund gerufen – wie vor allem kleine Kinder es gerne einmal tun – wird er bald überhaupt nicht mehr reagieren und das Rufen ignorieren.

# Essen mit dem Hund

Vor allem kleine Kinder sind zumeist vollkommen begeistert, wenn sie entdecken, dass man den Hund füttern kann. Sie probieren dann häufig mit großer Faszination aus, ob der Hund auch alles mag, was sie gerne mögen. Natürlich hat ein Kind absolut kein Problem damit, abwechselnd mit dem Hund von einem Brot abzubeißen und auch das gemeinsame Essen von einem Teller kann für große Begeisterung sorgen.
Auch wenn man eine solche Esskultur zutiefst ablehnt, in der täglichen Praxis ist kaum zu verhindern, dass der Hund mitunter von Ihrem Kind gefüttert wird. Es versteht sich von selbst, dass Ihr Hund regelmäßig entwurmt wird und sich damit das Gesundheitsrisiko in Grenzen hält.
Sie haben verschiedene Möglichkeiten, das gemeinsame Essen Ihres Kindes und Ihres Hundes zu regulieren. Sie können es so weit wie möglich unterbinden, indem Sie Ihren Hund immer – und wirklich immer – auf seinen Platz schicken, wenn das Kind isst. Hierfür ist es natürlich maßgeblich, dass der feste Platz des Hundes nicht in der Nähe des Essplatzes ist und auch das Kind die Regel befolgt.

*Während des Fressens sollte der Hund nicht gestört werden.*

## Hund isst mit

Um völlig zu verhindern, dass Ihr Kind den Hund füttert, müssten Sie dafür sorgen, dass Ihr Kind ausschließlich an einem festen Platz isst – und das ist kaum möglich. Immer dann, wenn Ihr Kind mit etwas Essbarem in der Hand herumkrabbelt oder -läuft, ist die Wahrscheinlichkeit groß, dass ein Teil dieser Nahrung den Weg ins Maul Ihres Hundes findet.

▸ Es ist daher zu empfehlen, solche Fütterungen ab und an unter eigener Kontrolle ablaufen zu lassen. Hierbei sollte der Hund zwei Dinge lernen.

*Ein Hund gehört nicht an und sicher nicht auf den Esstisch!*



▸ Erstens, das Futter darf erst dann genommen werden, wenn es ihm hingehalten wird. Er darf also nicht selber aktiv werden und dem Kind etwas „wegnehmen".

SMART

**Fütterung**

› **Vor allem kleine Kinder** lieben es, Hunde zu füttern. Das ist kaum zu verhindern. Üben Sie daher mit Ihrem Hund ein, dass er niemals nach Futter schnappen darf!

▸ Zweitens, und das ist eigentlich die allerwichtigste Regel, das Futter muss **vorsichtig** und **langsam** aus der Hand des Kindes genommen werden. Um dies zu erreichen, ist es sehr wichtig, dass auch Sie selbst den Hund häufiger mit kleinen Futterstücken aus der Hand füttern und ihm das Futter nur dann geben, wenn er sehr, sehr vorsichtig vorgeht. Auf gieriges Schnappen nach dem Futter reagieren Sie damit, dass Sie ihm das Futter nicht geben, „nein, langsam" sagen und es erneut versuchen. Ihr Hund wird diesen Vorgang sehr schnell lernen!

▸ Sobald Ihr Kind dafür alt genug ist, sollten Sie ihm auch unbedingt beibringen, dass Menschennahrung für einen Hund nicht gesund und manchmal sogar gefährlich ist! Um dem Gerechtigkeitssinn Ihres Kindes entgegen zu kommen, halten Sie besondere Hundeleckerlis bereits, deren Zuteilung Sie jedoch unter Kontrolle haben müssen.

# Gehört der Hund ins Kinderbett?

Manche Hunde haben oder entwickeln eine überaus enge Bindung an „ihr“ Kind und weichen kaum noch von seiner Seite. Das ist natürlich an und für sich wunderschön und sowohl für das Kind als auch für den Hund ein Gewinn. Aber es können auch Probleme mit einer solch engen Bindung verbunden sein. Beispielsweise kann der Hund ein sehr starkes Schutzverhalten entwickeln, also aggressives Verhalten gegenüber jedem zeigen, der sich dem Kind nähert, wie im Kapitel „Der Beschützerinstinkt“ (s. S. 16) beschrieben.

## Wo bist du?

Probleme können auch entstehen, wenn das Kind in den Kindergarten und in die Schule kommt, denn jetzt sind Hund und Kind plötzlich und zum ersten Mal stundenlang getrennt. Das kann zunächst zu großer Verunsicherung vor allem beim Hund führen, aber er wird bald lernen, dass „sein“ Kind nach ein paar Stunden zurückkommt.

▸ **Für Ihr Kind** kann eine solche enge Bindung natürlich vor allem zum Problem werden, wenn der Hund alt wird und stirbt. Darüber, wie Sie mit dieser Problematik umgehen können, finden Sie mehr im Kapitel „Trauerverarbeitung“ (s. S. 56).

▸ **Ein sehr viel** kleineres Problem, dem man aber trotzdem einige Gedanken widmen sollte, ist die körperliche Nähe, die aus einer solch engen Bindung zwischen Kind und Hund entsteht. Gesundheitlich ist diese Nähe zumeist kein Problem, davon ausgehend, dass Ihr Hund in jedem Fall regelmäßig geimpft und entwurmt wird. Ebenfalls sinnvoll ist es, den Hund des Öfteren nach Flöhen und Zecken abzusuchen und ihn gegebenenfalls gegen sie zu behandeln. Lassen Sie Ihren Hund aber nicht monatelang oder gar permanent ein Flohhalsband tragen – das ist auf Dauer nicht gesund für den Hund und ebenfalls nicht für Ihr Kind, das natürlich auch in Kontakt mit den Wirkstoffen

*Das Kinderbett sollte nicht der feste Liegeplatz des Hundes sein.*

*Trotz des traurigen Hundeblickes: Er gehört auf seinen eigenen Platz.*

kommt. Lassen Sie sich von Ihrem Tierarzt über die verschiedenen Möglichkeiten der Bekämpfung von Ektoparasiten beraten.

## Ungestört

Dass der Hund nicht ins Kinderbett gehört, hat weniger mit hygienischen Aspekten zu tun, obwohl diese sicher nicht zu vernachlässigen sind. Vielmehr steht der ungestörte Schlaf des Kindes, aber auch des Hundes hier im Vordergrund. Hunde haben einen vollkommen anderen Schlafrhythmus als Menschen. Sie werden häufig wach, z. B. wenn sie Geräusche hören, versichern sie sich kurz, dass alles in Ordnung ist, und schlafen dann wieder ein. Dieses unruhigere Schlafverhalten kann auch den Schlaf Ihres Kindes stören, was vermieden werden sollte. Wenn Sie also erlauben wollen, dass Ihr Hund – bzw. der Hund Ihres Kindes – auch während der Nacht in seiner Nähe bleibt, richten Sie dem Hund einen Liegeplatz im Zimmer Ihres Kindes ein. Sprechen Sie mit Ihrem Kind ab, dass der Hund auf seinem Platz schlafen soll und auch nicht im Laufe der Nacht ins Bett geholt werden darf.

SMART

### Nachtruhe

› **Hunde und Kinder** stören einander im Schlaf. Wenn beide unzertrennlich sind, richten Sie einen Schlafplatz für den Hund neben dem Bett des Kindes ein.

# Das Kind verlässt das Haus

**Vor allem dann, wenn Ihr Kind und Ihr Hund gemeinsam aufgewachsen sind, kann es für den Hund sehr schwierig sein, wenn Ihr Kind das Haus verlässt.**

Es ist für den Hund nicht möglich, zu verstehen, warum das Kind plötzlich nicht mehr zu seinem Alltag gehört. Für den Hund verschwindet ein wichtiger, möglicherweise sogar der wichtigste Sozialpartner plötzlich aus seinem Leben. Es kann geschehen, dass der Hund darauf mit tiefer Trauer reagiert. Möglicherweise ist er inaktiv, lustlos, verweigert vielleicht sogar das Fressen. Natürlich wird er sich unbändig freuen, wenn das verloren geglaubte Kind am folgenden Wochenende wieder auftaucht, um erneut in Trauer zu verfallen, wenn das Wochenende vorbei ist. Was können Sie tun? Die einzige Hilfe, die Sie Ihrem Hund bieten können, ist viel Zuwendung. Verbringen Sie viel Zeit mit dem Hund, seien Sie aktiv und versuchen Sie, ihn nicht zu sehr zu bemitleiden, da ihn das in seinem Verhalten bestärkt. Ansonsten müssen Sie Geduld haben – es kann mehrere Wochen oder sogar Monate dauern, bis der Hund sich an die neue Situation gewöhnt hat.

1 ◂ **Hunde können** ihrem Leid auch ohne Worte sehr gut Ausdruck verleihen. Und dieses Leid kann den Abschied natürlich sehr erschweren. Bemitleiden Sie Ihren Hund in dieser Zeit nicht. Die meisten Hunde sind aber sehr anpassungsfähig und gewöhnen sich im Laufe der Zeit an die veränderte Situation. Sie können dem Hund die Trauerzeit erleichtern, wenn Sie sich viel mit ihm beschäftigen. Spielen Sie mit ihm und lenken Sie ihn ab.

**2**

▸ **Der Auszug** eines erwachsenen Kindes kann für einen Hund einen dramatischen Einschnitt in sein Leben bedeuten. Vor allem dann, wenn Hund und Kind gemeinsam aufgewachsen sind, bedarf es viel Geduld und Zuwendung, um dem Hund über den Trennungsschmerz hinweg zu helfen. Wenn Sie schon rechtzeitig wissen, dass Ihr erwachsenes Kind bald ausziehen wird, sollten Sie sich vermehrt um Ihren Hund kümmern. Es wäre gut, wenn dadurch nicht seine Hauptbezugsperson auszieht, sondern „nur" ein Rudelmitglied.

**3**

◂ **Es kann passieren,** dass Ihr Hund für einige Zeit versucht, das „verloren gegangene" Familienmitglied zurück zu rufen. Das ist sehr anrührend und kann auch – vor allem für die Nachbarn – sehr nervenaufreibend sein. Auch hier gilt: Geduld und viel Zuwendung sind das beste Mittel, damit der Hund sich nicht so einsam fühlt. Lassen Sie ihn nicht zu oft alleine, sondern nehmen Sie ihn mit und unternehmen Sie etwas mit ihm.

# Hunde und kranke Kinder

Wenn ein Kind krank ist, kann auch die Anwesenheit des Hundefreundes eine tolle moralische Unterstützung sein. Bei ihm kann das Kind jammern und klagen, so viel und lange es will – er hört immer zu. Und anders als Eltern und Geschwister hat ein Hund nun mal keine Verpflichtungen, sondern er kann den ganzen langen Tag an der Seite des Kindes bleiben, wenn er das will.

## Schneller gesund

Untersuchungen haben gezeigt, dass Krankenhausaufenthalte von Kindern, die Umgang mit einem Hund haben konnten, erheblich verkürzt waren. Wie es schien, wurde durch den Umgang mit dem Hund das Immunsystem der Kinder angeregt, das Schmerzempfinden verringert und allgemein ein besseres Befinden verursacht.
Der Umgang mit dem sozialen Lebewesen Hund ist entspannend und wirkt stressreduzierend. Das allein fördert naturlich schon die Gesundheit. Hunde be- und verurteilen nicht, auch nicht, wenn das Aussehen sich durch eine Erkrankung verändert. Vor allem dieses in den Hintergrund treten eventueller äußerlicher Entstellungen kann für ein Kind eine enorme Erleichterung sein. Studien haben gezeigt, dass chronisch kranke Kinder, die einen Hund haben, mehr Besuch von anderen Kindern und auch Erwachsenen bekommen. Hunde können also dazu beitragen, die mögliche soziale Isolation des erkrankten Kindes zu verhindern.

## Begleithund

**Es gibt speziell ausgebildete Begleithunde für Menschen mit körperlichen Behinderungen.**

**Hunde können dabei helfen, der sozialen Isolation chronisch kranker Kinder entgegen zu wirken.**

## Ein Freund

Auch Kindern mit einer körperlichen oder geistigen Behinderung kann es gut tun, einen Hund zu haben. Er stellt keine lästigen oder schmerzhaften Fragen und, wenn das Kind eine schwierige Zeit hat, kann der Hund helfen, diese Zeit zu erleichtern. Das verbessert auch die allgemeine Stimmung aller Beteiligten. Naturlich können Kinder auch wunderbar mit dem warmen und weichen Hund schmusen, was gerade in einer schwierigen Zeit sehr nötig sein kann.

- **Hunde können auch** sehr motivierend wirken. Während eines schwierigen oder schmerzhaften Rehabilitationsprogrammes kann das Spiel mit dem Hund eine schöne Belohnung nach den Übungen sein oder sogar in bestimmte Übungen einbezogen werden. Auch Spaziergänge mit dem Hund können eine prima Übung sein.
- **Selbst eine Psychotherapie** kann durch Zuhilfenahme eines Hundes für ein Kind erleichtert werden. Die Anwesenheit des Hundes

*Einem kranken Kind* kann ein Hund viel Trost spenden.

kann das Eis brechen bei der ansonsten manchmal mühsamen Kontaktaufnahme zwischen Therapeut und Kind, die z. B. erst damit beginnen kann, über den Hund zu sprechen, bevor man sich den Problemen des Kindes zuwendet.

- **Auch autistische Kinder,** für die es sehr schwierig ist, soziale Kontakte aufzubauen oder zuzulassen, gewöhnen sich mitunter an den Umgang mit einem Hund und beginnen nach einiger Zeit sogar, den Hund zu streicheln, wenn er sich ihnen nähert. Scheinbar können diese Kinder besser mit dem Kontakt zu einem Hund umgehen als mit anderen Menschen. Das wiederum kann aber der Beginn auch für weiterreichende Kontakte zu Menschen sein.

SMART

**Gesundheit**

- **Der Umgang** mit einem sozialen Tier wie dem Hund kann selbst das Immunsystem anregen und so zu einer schnelleren Genesung des Kindes beitragen.

## Ein eigener Hund?

Es gibt also durchaus einige Gründe, den Kontakt von (chronisch) kranken Kindern mit Hunden zu fördern. Aber natürlich bleibt die Last der Versorgung des Tieres vorwiegend an den zumeist schon schwer belasteten Eltern hängen. Bevor Sie sich also einen Hund zu „therapeutischen“ Zwecken anschaffen, überlegen Sie erst auch andere Lösungen, wie z. B. den regelmäßigen Besuch eines Hundes aus der Nachbarschaft oder sonstigen Bekanntschaft. Stellen Sie sicher, dass der jeweilige Hund kindererfahren ist.

# Kinder und kranke Hunde

**Kinder haben zumeist eine ganz gute Vorstellung davon, was es bedeutet, krank zu sein. Die meisten Kinder waren bereits irgendwann einmal in ihrem Leben krank und erinnern sich gut daran, wie schlecht sie sich gefühlt haben, dass sie im Bett bleiben und Medikamente einnehmen mussten und so weiter.**

Eine kurzfristige Erkrankung des Hundes ist daher für ein Kind nachvollziehbar und kein emotionales Problem. Es sieht, dass auch der Hund mehr schläft, vielleicht zum Arzt gebracht wird, Medikamente bekommt und vielleicht auch ein wenig jammert.

## Chronisch krank

Anders verhält es sich natürlich mit dauerhaften Erkrankungen. Viele unserer Haushundrassen neigen zu bestimmten Erkrankungen, wie z. B. Hüftgelenkserkrankungen, Erkrankungen der Atemwege oder Herzprobleme. Solche oft chronischen Erkrankungen führen häufiger dazu, dass der Hund eventuell Schmerzen hat, wenig belastbar ist und sehr rücksichtsvoll behandelt werden muss. Das gilt natürlich mit fortschreitendem Alter des Hundes in zunehmendem Maße.

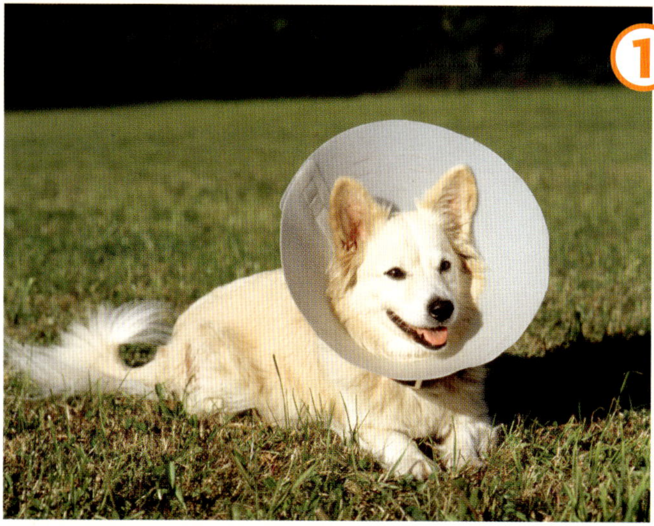

1

◂ **Ein kranker Hund** kann mitunter gereizt sein und viel weniger Geduld haben, als Sie das von ihm gewohnt sind. Manche Hunde schnappen mal, wenn sie Schmerzen haben – aus lauter Angst, dass man ihnen weh tut. Versuchen Sie, die jeweilige Erkrankung des Hundes auch Ihrem Kind zu erklären, um einen angemessenen Umgang mit ihm zu erreichen. Es muss wissen, warum es beispielsweise nicht mehr mit dem Hund toben darf.

## Mit Krankheit leben

Ein kranker Hund ist zumeist kein geeigneter Spielkamerad für Kinder, da diese seine Belastungsgrenzen oft nur schwer einschätzen können. Manche Kinder akzeptieren aber den Status des Hundes als „krankes", also „inaktives" Familienmitglied recht problemlos. Andere Kinder leiden sehr unter der Erkrankung ihres Hundes, vor allem, wenn sie ihn zunächst gesund erlebt haben, und natürlich dann, wenn eine besonders enge Bindung zwischen Kind und Hund besteht. Es ist hilfreich, das Kind in die Versorgung des Hundes einzubinden, soweit es dazu in der Lage und willens ist. Das schließt auch Tierarztbesuche mit ein, wo man Ihrem Kind vielleicht auch Fragen beantworten kann, die Sie selber nicht beantworten können.

Im Allgemeinen gelten für einen kranken Hund die Grundregeln, die für einen Hund immer gelten. Besonders wichtig ist jetzt auch wieder der Rückzugsort: Wann immer Ihr Hund Ruhe und Ungestörtheit haben möchte, sollte er sie auch finden können!

2 ▲ Vor allem im Alter kann ein Hund auch chronische Erkrankungen entwickeln, die sein Wohlbefinden und seine Leistungsfähigkeit stark einschränken können. Erklären Sie dem Kind, was das Problem ist und wie man damit umgehen sollte. Das Einbeziehen des Kindes in die besondere Pflege des kranken Hundes kann sehr hilfreich für alle Beteiligten sein. Für das Kind ist es ein gutes Gefühl, dem Hund helfen zu können, etwas zu tun, wodurch es ihm besser geht. Und auch Ihr Hund wird sich besser fühlen, wenn sich alle Familienmitglieder um ihn kümmern.

# Trauerverarbeitung

Jedes Leben ist einmal beendet, so auch das eines Hundes. Wenn alles gut geht, wird ein Hund langsam alt. Aber es kann natürlich auch geschehen, dass er krank wird und auch der Tierarzt nicht mehr helfen kann. Die meisten Hunde sterben letztendlich keines natürlichen Todes, sondern werden eingeschläfert, um zu verhindern, dass sie leiden müssen. Eltern sind sich dann oftmals nicht sicher, ob die Kinder in diesen Vorgang mit eingebunden werden sollten oder nicht. Allerdings haben Kinder oft weniger Schwierigkeiten, den Tod als Bestandteil des Lebens zu akzeptieren als Erwachsene. Es ist daher zu empfehlen, die Kinder in das Sterben des Hundes ein zu beziehen.

## Offenheit

Wenn man eine starke Bindung an den Hund hat, und das haben Kinder oft, ist es nur natürlich, dass auf den Verlust des Tieres auch eine Periode der Trauer folgt. Manche Eltern wollen ihren Kindern dies gerne ersparen und ziehen es vor, den Kindern zu erzählen, der Hund sei weggelaufen. Das führt jedoch oftmals dazu, dass die Kinder sich schuldig fühlen und noch Wochen und Monate nach ihrem Hund suchen. Einer solchen Last und Ungewissheit ist eine bewusste Trauerperiode, die die Familie gemeinsam bewältigen kann, vorzuziehen. Kinder ab dem 3. oder 4. Lebensjahr können durchaus in den Tod eines Hundes einbezogen werden. Viel deutet darauf hin, dass die Art, wie in der Kindheit mit dem Tod eines Haustieres umgegangen wird, mit entscheidend ist für den späteren Umgang mit dem Tod im Allgemeinen. Ist man in der Lage, darüber zu sprechen oder verschließt man die Trauer in sich?

## Anteil nehmen

Wenn der Hund eingeäschert oder begraben wird, sollten auch hieran die Kinder teilnehmen dürfen. Es ist natürlich wichtig, ihnen ihrem Alter entsprechend zu erklären, was geschieht. Denn, wenn sie den Vorgang nicht verstehen, werden Kinder ihre Fantasie gebrauchen, um eigene Erklärungen zu finden – und die können beängstigend und gruselig sein.

▸ **Wenn den Kindern** nicht wirklich bewusst ist, dass ihr Hund tot ist und daher auch

### Rituale

Abschied nehmen erleichtert den Trauerprozess.

Überlegen Sie gemeinsam mit dem Kind einige Rituale, die den Abschied bewusst machen und ihn akzeptieren helfen.

Versuchen Sie nicht, durch schnelles Ersetzen des Hundes die Trauer zu vermindern. Es kann das Gegenteil verursachen!

nichts mehr fühlt, kann das Begraben des Hundes für das Kind eine schreckliche Vorstellung sein.

- **Rituale sind sehr** wichtig beim Abschied von dem treuen Freund, was übrigens nicht nur für Kinder gilt. Dieses Ritual kann ein Begräbnis sein, aber auch das Basteln eines Gedenkbuches, einer Gedenktafel oder das Schreiben eines Gedichtes. Jeder trauert auf die ihm entsprechende Art. Rituale können bei der Trauerverarbeitung helfen, was bei einigen Kindern schneller geht als bei anderen.
- **Das schnelle Ersetzen** des verstorbenen Hundes durch einen neuen Hund bewirkt mitunter das genaue Gegenteil dessen, was man beabsichtigt hat. Kinder können sich sehr schuldig fühlen, dass ihr geliebter Freund einfach so durch einen anderen Hund ersetzt werden kann. Unnötig zu sagen, dass sie mit diesem Ersatz dann auch nicht besonders glücklich sind. Auch wenn sie es so nicht ausdrücken können, haben Kinder ein sehr gutes Gefühl dafür, dass ein Hund als einzigartiges Wesen mit individuellem Charakter nicht ersetzt werden kann.

SMART

**Trauer**

› **Versuchen Sie nicht,** den Tod Ihres Hundes vor Ihren Kindern zu verheimlichen. Gemeinsame Trauer ist besser als Ungewissheit.

*Diesen Blick vergisst man nie!*

## Trauerarbeit

Wenn der Hund längere Zeit krank ist oder das Alter sich über längere Zeit bereits bemerkbar macht, verläuft der Trauerprozess anders, als wenn das Tier plötzlich und unerwartet stirbt. Es ist dann keinerlei Vorbereitung möglich, sondern der Tod des Hundes kann als Schock wirken. Möglicherweise hat das Kind nicht einmal Abschied nehmen können, was den Trauerprozess erschweren kann. Wenn die Möglichkeit besteht, sollten Sie das Kind daher aktiv unterstützen, Abschied zu nehmen und hiermit ein gutes Stück Trauerarbeit zu leisten, bevor der Tod des geliebten Tieres eintritt.

# Einer für alle – alle für einen

**Unabhängig davon, ob ein Hund neu in eine bereits bestehende Familie kommt oder ob die Familie um den Hund herumwächst – alle Familienmitglieder sollten eine enge soziale Bindung zu dem Hund haben.**

Dabei ist es wichtig, sich bewusst zu machen, dass jede Hund-Mensch-Bindung innerhalb des Familienverbandes einzigartig ist und sich auch sehr unterschiedlich darstellen kann. Es ist beispielsweise durchaus möglich, dass der Hund einen seiner Menschen zum Spielen bevorzugt, während er sich an einen anderen Menschen wendet, wenn er gefüttert werden will.
Oft bilden sich solche Unterschiede aufgrund der Alltagsabläufe, die durch uns Menschen vorgegeben werden und die der Hund mit der Zeit übernimmt. Es gibt aber auch Beziehungsmuster, die der Hund selber wählt, z. B. aufgrund von individuellen Eigenschaften seiner Menschen. Als bevorzugter Kuschelpartner wird eher ein ruhiger Partner gewählt, als Spielpartner jemand, der aktiv ist und mit dem Hund herumtoben mag.

*Alle gehören zur Familie.*

## Alle gehören dazu

Wie die individuellen Beziehungen auch immer aussehen und egal, wie viele Mitglieder eine Familie hat: Grundsätzlich sollte der Hund Kommandos von jedem der Familienmitglieder annehmen. Ausgenommen sind hiervon natürlich Kleinkinder.

▶ **Die Frage,** wann ein Kind alt genug ist, um auch mal die Verantwortung für den Hund übernehmen zu können – also mit ihm alleine bleiben zu dürfen oder ihn ausführen zu können – beantwortet sich dann auch relativ einfach: Dann, wenn der Hund den Kommandos des Kindes Folge leistet.

- **Im Befolgen** von Kommandos zeigen sich meistens Unterschiede in der Reaktionswilligkeit des Hundes. Dies hängt vor allem von der Konsequenz des jeweiligen Menschen und von der Häufigkeit des gemeinsamen Umgangs ab.
- **Entsprechend** ist nicht zu erwarten, dass der Hund jedes Kommando eines Kindes ausführt, die Grundkommandos (SITZ, PLATZ, BEI FUSS) kann aber meist bereits ein Schulkind unter Anleitung erfolgreich anwenden.

**Mit dabei und mitten drin:** *Dorthin gehört ein Familienhund.*

## Gemeinsam

Während, wie gesagt, individuelle und manchmal auch sehr spezielle Bindungen des Hundes zu seinen verschiedenen Menschen völlig normal sind, sollte ein Mangel an Bindung zu einzelnen Familienmitgliedern oder gar die völlige Fixierung des Hundes auf nur ein Familienmitglied nicht akzeptiert werden. Binden Sie alle großen und auch kleinen Familienmitglieder in die Versorgung des Hundes ein, soweit das möglich ist, ohne Zwang auszuüben. Unternehmen Sie vor allem viel Positives gemeinsam, dann wird Ihr Hund ein echter Familienhund.

SMART

**Einzigartig**

› **Jede Mensch-Hund-Beziehung** ist einzigartig – auch innerhalb einer Familie. Die aufgestellten Regeln sollten allerdings für alle gleich sein!

# Infoecke

## Literatur


- **del Amo, Celina; Jones-Baade, Renate; Mahnke, Karina:** Der Hunde-Führerschein. Sachkunde-Basiswissen und Fragenkatalog. Verlag Eugen Ulmer Stuttgart 2006.
- **del Amo, Celina:** Spiel- und Spaßschule für Hunde. Verlag Eugen Ulmer Stuttgart 2006.
- **del Amo, Celina:** Welpenschule. Verlag Eugen Ulmer Stuttgart 2006.
- **Laukner, Anna:** Hunde füttern. Einfach, lecker, gesund. Verlag Eugen Ulmer Stuttgart 2006.
- **Ohl, Frauke:** Hunde wirklich verstehen. Logisch, einfach, klar. Verlag Eugen Ulmer Stuttgart 2006.
- **Ohl, Frauke:** Körpersprache des Hundes. Verlag Eugen Ulmer, Stuttgart 2006.

## Making of

- **Prof. Dr. Frauke Ohl** ist Verhaltensforscherin und Lehrstuhlinhaberin im Dept. of Animals, Science and Society der Veterinärmedizinischen Fakultät der Universität Utrecht in den Niederlanden. Sie hat lange Zeit eng mit der bekannten Verhaltensforscherin Dr. Dorit Feddersen-Petersen zusammengearbeitet.
- **Nienke Endenburg** arbeitet seit 1987 als Kinderpsychologin und Gesundheitswissenschaftlerin an der tiermedizinischen Fakultät der Universität Utrecht. Einer ihrer Forschungsschwerpunkte ist der Einfluss von engen Tier-Beziehungen auf die Entwicklung von Kindern. Neben ihrer Forschungstätigkeit hat sie eine therapeutische Praxis.

## Adressen

- **Verband für das Deutsche Hundewesen (VDH)**
  Westfalendamm 174
  44141 Dortmund
  Tel.: 0231/5 65 00-0
  Fax: 0231/59 24 40

## Bildquellen

Das Titelbild erstellte: Stuewer-Tierfoto
Silke Behling: 11, 30, 33, 39, 42/43, 48, 49, 65 o.r. und Mitte
Bildagentur Waldhäusl/ Alloverfotografen/THP: 51, 53.
Bildagentur Waldhäusl/ Arco Digital Images/ Steimer C.: 4/5, 12, 40, 47, 50.
Bildagentur Waldhäusl/ Imagebroker/Krause-Wieczorek: 37.
Bildagentur Waldhäusl/ Imagebroker: 13.
Ursula Daugschieß-Thumm:27.
IPO: 58.
Juniors Tierbildarchiv/ U. Schanz: 51.
Juniors Tierbildarchiv: 2/3, 6, 9, 15, 16, 17, 18, 21, 22/23, 25, 26, 29, 32, 35, 36, 38, 46, 54, 55, 57, 59.
Juniors/P. Gehl: 7.
Dieter Kothe: 19, 31, 41, 65 u.r.
Pixelquelle: 44.
Antje Springorum: 14, 34, 45, 64,65 o.l.

## Impressum

**Bibliografische Information der Deutschen Bibliothek**
Die Deutsche Bibliothek verzeichnet diese Publikation in der Deutschen Nationalbibliografie; detaillierte bibliografische Daten sind im Internet über http://dnb.ddb.de abrufbar.


Wollgrasweg 41, 70599 Stuttgart (Hohenheim)
E-Mail: info@ulmer.de
Internet: www.ulmer.de
**Lektorat:** Silke Behling
**Umschlag- und Innengestaltung:** X-Design, München
**DTP:** juhu media, Susanne Dölz, Bad Vilbel
**Druck und Bindung:** Litotipografia-editrice Alcione, Trento
Printed in Italy
**ISBN-13: 978-3-8001-5359-6**

## Internetadressen

- www.vdh.de
- www.tiernotruf.org
- www.dhv-hundesport.de
- www.hundejo.de
- www.hund-und-halter.de

## Haftung

Für Ihr Heimtier tragen Sie selbst die Verantwortung. Die in diesem Buch enthaltenen Empfehlungen und Angaben sind vom Autor mit großer Sorgfalt zusammengestellt und geprüft worden. Eine Garantie für die Richtigkeit der Angaben kann aber nicht gegeben werden. Der Autor und der Verlag übernehmen keinerlei Haftung für Schäden und Unfälle.

# Register

Ablehnung 12
Abschied 57
Alter 54
Angst 44
Angstaggression 13
Anlagen 29
Anschaffung 27, 28
Apportierspiele 11
Aufgaben 32
Aufsicht 20, 39

Babys 40
Bechützerinstinkt 48
Bedrohung 16
Bedürfnisse 18
Begräbnis 57
begrüßen 20
beißen 9
Belastungsgrenzen 55
Beschützerinstinkt 16
Beute 38
Bewegung, körperliche 18
Beziehungen, individuelle 58
Beziehungsmuster 58
Bindung 48
- soziale 19, 58

Charakter 28

Dominant 9
Dominanzaggression 13
Drohverhalten 17

Eigenschaften, individuelle 26
Eltern 35
Elternschaftsurlaub 24
Entwicklung 36
Entwicklungsstufe 32
Erkrankung 52
- chronische 54
Erkundung 38
Erziehung 28
Erziehungshilfe 36
Essen 46
Esskultur 46

Familienhund 59
Fixierung 59
Frustration 36
Futter 47
füttern 15, 46
Fütterungen 46

Gefahr 12
Gegner 38
Gehorsamsübungen 28
Gesundheit 34, 52
gesundheitsgefährdend 14
Gesundheitsrisiko 46
Gesundheitszustand 28
Gewöhnung 17
Grundbedürfnis 18

Hautekzeme 14
Hüftgelenkserkrankung 54
Hund, kranker 53
- selbstbewusster 28
- zurückhaltender 28
- kinderungeübter 8
Hundebiss 38
Hundeleckerlis 47
Hunderassen 26
Hundesitter 7, 34
Hundespeichel 14
Hundeversorgung 33
Hygiene 15

Immunsystem 14, 52
Isolation, soziale 52

Kinderbesuch 20
Kinderbett 49
Kommandos 30, 41
Konflikt 10, 39
Kontaktspiel 44
Körperkontakt 14
körperliche Nähe 48
Körpersprache 30
Kosten 35
Krabbelkind 24, 40
Krabbeln 12
krank 52
Krankenhausaufenthalte 52
kranker Hund 53
Kunststücke 31
Kuschelpartner 58

Laufspiel 44
Lebensgewohnheiten 26
Lebensmittelpunkt 24
Leinenführig 10
Lernen 36
Liegeplatz 10, 19, 20
Lippenbewegung 30
Lob 30

Mangel an Bindung 59
Menschennahrung 47
moralische Unterstützung 52

Nachwuchs 6
Nähe, körperliche 48
Nahrung 46

Ohrenstellung 30

Parasiten 15
Persönlichkeit 10, 29
Pflegeverhalten 38
Plüschtier 20
Psychotherapie 52

Ranghöher 40
Rangordnung 16, 18, 40
Rasseeigenschaften 26
Rassehund 26
Reaktion, ängstliche 8
Rehabilitation 52
Rituale 11
Rückzugsmöglichkeit 8, 41
Rückzugsort 19
Ruhe 19
Ruhebedürfnis 12

Schlaf 49
Schlafplatz 6
Schlafrhythmus 49
Schlafverhalten 49
Schnappen 47
Schokolade 31
Schulkind 25
schutzbedürftig 16
Schutzinstinkt 17
Schutzverhalten 48
Schwanzhaltung 30
Sicherheit 38
Signale 30
Sozialisationsperiode 28
Sozialpartner 25
Sozialverhalten 41
Spaziergänge 7
Spiel 17, 45
Spieldecke 10
Spielen 44
Spielpartner 58
Spielperioden 18
Spielregeln 45
Spielsignale 45
Sterben des Hundes 56
Strafen 31
Streicheleinheiten 19
stubenrein 28

Tierarztbesuche 55
Tierheime 26
Trauer 50, 56
Trauerarbeit 57
Trauerperiode 56
Trauerverarbeitung 56

Umerziehung 29
Umwelt 38
unbeaufsichtigt 21
Unfälle 38
Unterbrechungsbefehl 45
Unterstützung, moralische 52

Veranlagung 29
Verantwortung 32
Verhalten, aggressives 12, 13, 41
Vertrauensperson 25, 37
Vorbildfunktion 36
Vorurteile 37

Welpen 24, 28
Welpenstunden 28
Wohlergehen 34
Wurmbefall 15
Würmer 15

Zeitabsprachen 33
Zuwendung 19

SPEZIAL

Kluge Tipps für SMART-KIDS

# Schlaue Extras

**Ein Hund kann ein toller Spielkamerad und ein guter Freund für Dich sein.**

In diesem Buch findest Du und Deine Familie viele Informationen darüber, wie Du und Dein Hund gute Freunde werden können. Ganz wichtig ist es natürlich, die Sprache des Hundes zu lernen. Denn Freunde müssen einander ja schliesslich verstehen können. Und ein Hund kann Dir eine Menge mitteilen, auch wenn er nicht wirklich sprechen kann.